AF597799

Band 49

Schriften zum Notarrecht

Herausgegeben von der
Deutschen Notarrechtlichen Vereinigung e.V. (NotRV)

Prof. Dr. Walter Bayer/Prof. Dr. Elisabeth Koch (Hrsg.)

Offene Fragen zum Wohnungseigentumsrecht und deren Bedeutung für die notarielle Praxis

Nomos

Die Deutsche Nationalbibliothek verzeichnet diese Publikation in der Deutschen Nationalbibliografie; detaillierte bibliografische Daten sind im Internet über http://dnb.d-nb.de abrufbar.

ISBN 978-3-8487-3598-3 (Print)
ISBN 978-3-8452-7905-3 (ePDF)

1. Auflage 2018

Vorwort

Dieser Tagungsband bündelt die Vorträge, welche auf dem elften Symposium des Instituts für Notarrecht an der Friedrich-Schiller-Universität Jena am 22. April 2016 unter dem Titel »Offene Fragen zum Wohnungseigentumsrecht und deren Bedeutung für die notarielle Praxis« gehalten wurden.

Einführend gibt *Wolfgang Lüke* einen Überblick über die Strukturen und das Verständnis der rechtsfähigen Wohnungseigentümergemeinschaft. *Jan Lieder* zeigt sodann Parallelen des Wohnungseigentums- mit dem Gesellschaftsrecht im Hinblick auf Öffnungs- und Mehrheitsklauseln auf. Dabei vergleicht er die zu beiden Rechtsgebieten ergangenen Grundsatzentscheidungen und stellt die Diskussion in der Lehre dar. Im Anschluss behandelt er die dogmatische Einordnung von Mehrheitsbeschlüssen. *Martin Häublein* beschäftigt sich mit der Abgrenzung von Sonder- und Gemeinschaftseigentum. Dabei gibt er Beispiele aus der aktuellen Rechtsprechung. *Andreas Ott* widmet sich Sondernutzungsrechten am Gemeinschaftseigentum in der notariellen Praxis. Er stellt deren Rechtsnatur, die Möglichkeiten der Begründung und Übertragung sowie der inhaltlichen Ausgestaltung im Spiegel aktueller Rechtsprechung dar. *Oliver Elzer* behandelt Probleme bei der Gestaltung von Gemeinschaftsordnungen für Mehrhausanlagen und gibt zahlreiche Musterformulierungen.

Univ.-Prof. Dr. Walter Bayer
Direktor des Instituts für Notarrecht
an der Friedrich-Schiller-Universität Jena

Inhalt

Die rechtsfähige Wohnungseigentümergemeinschaft – Struktur, Verständnis und Kritik 10 Jahre nach deren Anerkennung

Wolfgang Lüke[*]

I. Einleitung

1. Ausgangspunkt: Beschluss des BGH vom 2. Juni 2005 (V ZB 32/05)

Der Untertitel des Vortrags spielt auf die Tatsache an, dass die Entscheidung des Bundesgerichtshofs,[1] in der das Gericht die »Teilrechtsfähigkeit« der Wohnungseigentümergemeinschaft erstmals und in Abweichung zu seiner bisherigen Rechtsprechung anerkannt hat, nun schon mehr als 10 Jahre zurückliegt. Diese Entscheidung war Ausgangspunkt für eine grundlegende Änderung des Wohnungseigentumsrechts, von dem behauptet, dass dieser Zug nicht mehr aufzuhalten sei und sein Ziel offenbar noch nicht erreicht habe. Die in der Entscheidung entwickelte Auffassung bildete auch ein wesentliches Element der Reform des Wohnungseigentumsrechts im Jahre 2007.[2]

Der seither vergangene Zeitraum ist hinreichend lang, um eine Bestandsaufnahme des Erreichten vorzunehmen, zumal die Diskussion um das Thema sich mittlerweile etwas beruhigt zu haben scheint, was der Sache eher nutzt als schadet.

In der genannten Entscheidung des Bundesgerichtshofs stellt das Gericht in seinem ersten Leitsatz folgendes fest:

---

* Prof. Dr. Wolfgang Lüke, LL.M. (Chicago) ist Ordinarius an der TU Dresden sowie Richter am OLG Dresden a.D.

1 BGH, Beschl. v. 2. Juni 2005 – V ZB 32/05, NJW 2005, 2061 = NZM 2005, 543; s. hierzu etwa *Bub/Petersen*, NJW 2005, 2590; *Hügel*, DNotZ 2005, 753; *Fischer*, NZI 2005, 586.

2 Gegenäußerung der Bundesregierung zu den Vorschlägen und Prüfbitten des Bundesrates, BT-Drs. 16/887 (Anlage 3), S. 56 ff.

»Die Gemeinschaft der Wohnungseigentümer ist rechtsfähig, soweit sie bei der Verwaltung des gemeinschaftlichen Eigentums am Rechtsverkehr teilnimmt.«

Mit dem Außenverhältnis bezeichnet das Gericht zwar einen wichtigen Ausschnitt der Tätigkeit der Gemeinschaft, für den diese nach Auffassung des Gerichts mit Rechtsfähigkeit ausgestattet ist. Auch nach seinem Verständnis beschränkt sich aber die Tätigkeit der Gemeinschaft und demzufolge seine Rechtssubjektivität nicht hierauf. Vielmehr heißt es in den Gründen zu seinem Beschluss, dass eine Rechtsfähigkeit auch bestehe, wenn die Gemeinschaft Beitrags- und Schadensersatzansprüche gegen einen einzelnen Wohnungseigentümer verfolge.[3]

Ziel der Entscheidung war es, eine Auffassung zu entwickeln, mit deren Hilfe sich wesentliche praxisrelevante Rechtsprobleme einfacher als bislang lösen ließen. Zugleich sollten die »konzeptionellen Begründungsdefizite«[4] der seinerzeit h.M. vermieden werden.

2. Gründe für den Wechsel der Rechtsprechung

Es darf nochmals daran erinnert werden, dass es dabei vor allem die Folgen des Wechsels im Bestand der Wohnungseigentümer für Verträge der Gemeinschaft ging.[5] Werden solche Verträge – etwa mit dem Hausmeister oder dem Verwalter – mit der Gemeinschaft der Wohnungseigentümer als Bruchteilsgemeinschaft geschlossen, so ist grundsätzlich nur die Gemeinschaft der Wohnungseigentümer in ihrer Zusammensetzung zum Zeitpunkt des Vertragsschlusses gebunden, da der Vertrag im Namen dieser Personen geschlossen wurde. Rechtsnachfolger in das Wohnungseigentum sind davon grundsätzlich nicht betroffen, sofern nicht eine vertragliche Lösung gefunden wurde.[6] Eine andere Auffassung befürwortete für die Bindung des Sonderrechtsnachfolgers an die entsprechenden Eigentümerbeschlüsse eine Gesetzesanalogie.[7] Diese sollte eine entsprechende interne

3 BGH, Beschl. v. 2. Juni 2005 – V ZB 32/05, NJW 2005, 2061 unter III. 12.
4 BGH, Beschl. v. 2. Juni 2005 – V ZB 32/05, NJW 2005, 2061 unter III. 6. vor a.
5 BGH, Beschl. v. 2. Juni 2005 – V ZB 32/05, NJW 2005, 2061 unter III. 6. d.
6 Z. B. *Ott,* ZMR 2002, 169, 172; f. w. N. s. BGH a. a. O.
7 *Weitnauer,* WE 1994, 220; konkret sollte § 10 Abs. 4 WEG a.F. analog herangezogen werden, der dem heutigen § 10 Abs. 5 WEG entspricht.

Lastenverteilung nach sich ziehen.[8] Außenwirkung konnte allerdings nur durch Schuldübernahme oder -beitritt erreicht werden.[9] Das Ergebnis erscheint letztlich wenig sachgerecht, ist es doch der jeweilige Eigentümer der Nutzen aus dem Vertrag zieht. Letztlich bestünde die Gefahr, so das Gericht, dass derartige Verbindlichkeiten nicht mehr Verwaltungsschulden bilden, für die die aktuellen Wohnungseigentümer einzustehen haben, wenn keiner der ursprünglichen Eigentümer und Vertragspartner noch Mitglied der Gemeinschaft sei.

a) Verwaltungsprobleme bei Großanlagen

Nun ist es keineswegs so, dass dieses Problem damals in der Praxis nicht bewältigt wurde. Vorgeschlagen wurden verschieden Wege. So wurde etwa geraten, der Erwerber solle mit dem Veräußerer eine befreiende Schuldübernahme vereinbaren.[10] Nachteil dieser Lösung ist, dass diese die Zustimmung auch des Gläubigers der Forderung voraussetzt.[11] Es kommt hinzu, dass sich ein Erwerber oft einer solchen vertraglichen Regelung widersetzte, wenn er mit einer Vertragsbeziehung der Gemeinschaft nicht einverstanden war.

Diese Probleme, die in starkem Maße auf den einzelnen Wohnungseigentümer abstellten, erwiesen sich vor allem bei Großanlagen als besonders schwierig und machten das Wohnungseigentum gerade hier zu einem schwerfälligen Rechtsinstitut. Im Falle einer großen Anlage mit häufigen Eigentümerwechseln musste in jedem Einzelfall ermittelt werden, ob die gegenwärtigen Wohnungseigentümer eine Haftungsübernahme erklärt haben. Andernfalls war der jeweilige Bestand der Gemeinschaft im Zeitpunkt der Begründung der Verbindlichkeit vom Verwalter zu klären. Die Probleme vergrößern sich, wenn die Zustimmung der Wohnungseigentümer zu einer vertraglichen Regelung erforderlich ist. Das gilt etwa bei der Verfolgung von Zahlungen an die Gemeinschaft. Gleichwohl sah es der

---

8 *Brych,* WE 1995, 16.

9 Einzelheiten s. *Lüke*, in: Weitnauer, WEG, 9. Aufl. 2005, § 10 Rn. 61 m. w. N.

10 Hierzu *Kümmel*, Die Bindung der Wohnungseigentümer und deren Sondernachfolger an Vereinbarungen, Beschlüsse und Rechtshandlungen nach § 10 WEG, 2002, S. 18 f.

11 BGH, Beschl. v. 2. Juni 2005 – V ZB 32/05, NJW 2005, 2061 unter III. 6 d aa.

Bundesgerichtshof als erforderlich an, dass für alle Größen einer Wohnungseigentümergemeinschaft eine einheitliche Lösung gefunden werde.

Die vom Gericht angesprochenen Probleme sind zudem ein Beleg für den Einfluss der Zeit auf die sich stellenden Probleme. Der vom Gericht vorgelegte Fall betraf einmal mehr einen Sachverhalt im Zusammenhang mit dem Münchener Olympiadorf, konkret ging es um einen Unterhaltsvertrag aus dem Jahre 1976. Es versteht sich, dass es im Laufe der Zeit zu zahlreichen Eigentümerwechseln gekommen war und die Aufwendungen für den Unterhalt des gemeinschaftlichen Eigentums zunahmen. Damit wächst auch die Neigung zwischenzeitlich eingetretener neuer Wohnungseigentümer, sich dieser Haftung zu entziehen.

b) Bisherige Lösung bei Eigentümerwechsel

Wie bereits ausgeführt gab es Möglichkeiten, derartige Folgen vertraglich zu lösen.[12] Gerade für große Gemeinschaften wurde vielfach angenommen, dass es dem Gläubiger letztlich nicht wichtig sei, ob der Schuldner seiner Forderung nun der Eigentümer bei Eingehung der Verbindlichkeit sei oder ein Rechtsnachfolger von ihm. Seinem Erfüllungsinteresse werde schon allein durch die große Zahl der Verpflichteten genügt. Es sei daher in der Regel von einer Einwilligung des Gläubigers auszugehen, dass ein Rechtsnachfolger in die Verbindlichkeit eintrete.[13] Es müsse weiterhin eine Verkehrssitte angenommen werden, dass der rechtsgeschäftliche Nachfolger zugunsten der Veräußerers in die Verträge mit schuldbefreiender Wirkung eintrete.[14] Als weitere Möglichkeit wurde es angesehen, dass der Verwalter gewissermaßen als mittelbarer Stellvertreter im eigenen Namen die Verbindlichkeiten für Rechnung der Wohnungseigentümer begründete und er gegen diese einen Freistellungsanspruch hatte.[15] Derartige Konstruktionen haben sich mit der Entscheidung des Bundesgerichtshofs erledigt.

---

12 S. oben sub I. 2. a).

13 *Lüke*, in: Weitnauer, WEG, 9. Aufl., 2005, § 10 Rn. 61.

14 *Rapp*, in: Staudinger, 12. Aufl., Einl. zum WEG Rn. 54.

15 Diesen auch für möglich erachtend für den Fall fehlender Zustimmung des Vertragspartners zum Austritt des veräußernden Wohnungseigentümers: *Lüke*, in: Weitnauer, WEG, 9. Aufl. 2005, § 10 Rn. 61.

3. Gesetzesregelung

Diese wurde in einer Zeit getroffen, als der Bundesgesetzgeber bereits an einer umfangreichen Reform des WEG arbeitete.[16] Sie machte eine Überarbeitung seiner bisherigen Überlegungen nötig, da er bis zu diesem Zeitpunkt die Frage der Rechtssubjektivität der Gemeinschaft gesetzlich nicht zu regeln beabsichtigte. Hiervon nahm er Abstand und traf eine gesetzliche Festlegung, die auf dem Beschluss des Gerichts beruht, ihm aber nicht in allen Punkten folgt. Nach § 10 Abs. 6 Satz 1 WEG kann die Wohnungseigentümergemeinschaft

> »im Rahmen der gesamten Verwaltung des gemeinschaftlichen Eigentums gegenüber Dritten und Wohnungseigentümern selbst Rechte erwerben und Pflichten eingehen.«

Im Übrigen ordnet die Vorschrift an, dass die Wohnungseigentümergemeinschaft Inhaberin der gesetzlich begründeten und rechtsgeschäftlich erworbenen Rechte und Pflichten ist (§ 10 Abs. 6 Satz 2 WEG). Sie übt zudem die gemeinschaftsbezogenen Rechte der Wohnungseigentümer aus und nimmt die gemeinschaftsbezogenen Pflichten der Wohnungseigentümer wahr (§ 10 Abs. 6 Satz 3 WEG). Schließlich regelt das Gesetz, unter welcher Bezeichnung die Gemeinschaft auftreten muss sowie dass die Gemeinschaft auch aktiv wie passiv parteifähig ist (§ 10 Abs. 6 Sätze 4 und 5 WEG). Auf Einzelheiten dieser sehr ausführlichen Bestimmung wird noch einzugehen sein.

4. Gesetzgeberische Motive und Ziele der gesetzlichen Regelung

Der Gesetzgeber wollte mit dieser Regelung jegliche Zweifel daran beseitigen, ob in den genannten Grenzen die Gemeinschaft als rechtsfähig anzusehen ist. Damit solle einem erheblichen Klärungsbedarf für die Rechtspraxis Rechnung getragen werden, da die Auffassung des Bundesgerichtshofs eine Reihe von bislang ungelösten Fragen aufgeworfen habe.[17] Zudem sollten »rechtsmethodische Zweifel« beseitigt werden. Diese

---

16 S. schon den Diskussionsentwurf der Bundesregierung vom 1. Oktober 2004.

17 Gegenäußerung der Bundesregierung zu den Vorschlägen und Prüfbitten des Bundesrates, BT-Drs. 16/887 (Anlage 3), S. 56 f. (zu Nummer 1 III.).

Änderung unterstütze sein Anliegen, das Wohnungseigentumsrecht durch die Reform »praktikabler«[18] zu gestalten.

II. Struktur der Wohnungseigentümergemeinschaft

1. Dreigeteilte Stellung des Wohnungseigentümers

Um die schuld- oder/und gesellschaftsrechtliche Seite des Wohnungseigentums zu deuten, ist es erforderlich, sich zunächst die sachenrechtliche Lage zu betrachten. Diese ist, wenn auch als solche nicht unproblematisch und ohne Brüche in das System der dinglichen Rechte des BGB einzuordnen, so doch letztlich – glücklicherweise muss man schon fast sagen – unstreitig und nach dem Gesetz eindeutig: Es gibt eben das Sondereigentum jedes Wohnungseigentümers (§§ 1 Abs. 3, 3 WEG) sowie das Miteigentum am gemeinschaftlichen Eigentum und das Gemeinschaftseigentum der Wohnungseigentümer, zu dem neben dem Grundstück alle Teile, Anlagen und Einrichtungen eines Gebäudes gehören, die nicht im Sondereigentum oder im Eigentum eines Dritten stehen (§ 1 Abs. 2 und 5 WEG).

Mit dem Sondereigentum ist zugleich eine unstreitige Rechtsposition des einzelnen Wohnungseigentümers bezeichnet. Insoweit bedarf es keines schuldrechtlichen »Unterbaus«, da der Wohnungseigentümer über sein Eigentum frei verfügen kann (§ 903 BGB[19]). Der Wohnungseigentümer hat grundsätzlich die Befugnisse eines jeden Eigentümers.[20]

Schwieriger ist die Beurteilung des gemeinschaftlichen Eigentums an Haus und Grundstück. Hier bedarf es einer schuldrechtlichen Regelung der Wohnungseigentümer untereinander. Die früher herrschende Auffassung sah hierin naheliegender Weise eine Gemeinschaft i. S. der §§ 741 ff. BGB. Sie entsprach damit den allgemeinen Grundsätzen, die bei Miteigentum in Ermangelung abweichender Regelungen (§§ 1008 – 1011 BGB) das Verhältnis der Miteigentümer untereinander nach den Regeln über die

18 Gegenäußerung der Bundesregierung zu den Vorschlägen und Prüfbitten des Bundesrates, BT-Drs. 16/887 (Anlage 3), S. 56 ff. (zu Nummer 1 III.).

19 BGH, Beschl. v. 2. Juni 2005 – V ZB 32/05, NJW 2005, 2061 unter II 4. c: „echtes Eigentum".

20 *Hügel/Elzer*, WEG, 2015, § 10 Rn. 63.

Gemeinschaft nach Bruchteilen beurteilt.[21] Dabei zog die überwiegende Auffassung im Wohnungseigentumsrecht den Kreis so weit, dass sie der Zuständigkeit der Gemeinschaft alle Rechte und Pflichten der Wohnungseigentümergemeinschaft unterstellte.[22] Das führte bekanntlich zu den schon beschriebenen Problemen. Nun wurde allmählich – nicht zuletzt aufgrund der veränderten Bewertung der (Außen-)Gesellschaft bürgerlichen Rechts[23] – zunehmend vertreten, dass man die Wohnungseigentümergemeinschaft wie die GbR deuten sollte.[24] Die angesprochenen Probleme der Rechtsnachfolge in die »Verwaltungsverhältnisse« lassen sich damit sicherlich weniger aufwendig lösen. Die Idee, dass sich damit die Bruchteilgemeinschaft als im Wohnungseigentumsrecht relevantes Institut erledigt hat, erscheint dagegen solange als verfehlt, als es noch gemeinschaftliches Eigentum gibt, auf das der Grundgedanke des Verbandes der Wohnungseigentümer nicht passt. Erst wenn das gemeinschaftliche Eigentum sachenrechtlich einem anderen Subjekt und nicht mehr den Wohnungseigentümern gemeinschaftlich zu Miteigentum zugeordnet wird, fehlt es an einer Gemeinschaft nach Bruchteilen und deren Regeln sind nicht mehr anzuwenden. Eine solche Zuordnung des vollständigen gemeinschaftlichen Eigentums an den Verband – auch insoweit besteht kein Streit – ist aber nicht möglich.

Aus diesem Blickwinkel erscheint es zwingend, dass man neben der Rechtsstellung des Wohnungseigentümers als Alleineigentümer seines Sondereigentums, ihn als Miteigentümer am gemeinschaftlichen Eigentum sieht, der mit den übrigen Wohnungseigentümern eine Gemeinschaft nach Bruchteilen bildet. So gesehen hat sich gegenüber der früher allgemein anerkannten Rechtslage nichts geändert.[25] Neu ist einzig, dass nach der Reform des Wohnungseigentumsgesetzes ein weiteres eigenständiges Rechtsubjekt geschaffen wurde, die Wohnungseigentümer als Verband. Ob diese Bezeichnung glücklich gewählt ist, soll hier nicht weiter erörtert werden.[26] Es ist streng genommen das zweite eigenständige Rechtssubjekt

---

21 S. *Baur/Stürner,* Sachenrecht, 18. Aufl., 2009, § 3 Rn. 29.

22 S. *Lüke*, in: Weitnauer, WEG, 9. Aufl., 2005, vor § 20 Rn. 1 ff.

23 BGH, Urt. v. 29. Januar 2001 – II ZR 331/00, BGHZ 146, 341.

24 *Bub,* ZWE 2002, 103; *Derleder,* ZWE 2002, 193; 250; *Raiser*, ZWE 2001, 173.

25 S. auch *Hadding*, ZWE 2012, 61, 62, der von einer dreigliedrigen Rechtsstellung des Wohnungseigentümers spricht.

26 Krit. hierzu etwa *Elzer*, in: Riecke/Schmid, Fachanwaltskommentar Wohnungseigentumsrecht, 3. Aufl., 2009, § 10 Rn. 373.

neben den Wohnungseigentümern und kann kraft gesetzlicher Anordnung als solches Träger von Rechten und Pflichten sein. Die Schwierigkeit besteht darin, den Kreis ihm zuzuordnender Rechte und Pflichten zu bestimmen.[27] Allerdings haben sich Rechtsprechung und Literatur seit Inkrafttreten des reformierten Wohnungseigentumsrechts mit den sich stellenden Problemen befassen müssen, so dass der Bereich bestehender Rechtsunsicherheit zunehmend kleiner wird.

Nach dem Gesagten erscheint es nicht vertretbar, auf die Gemeinschaft der Wohnungseigentümer zu verzichten, will man nicht die sachenrechtliche Seite auch noch verändern. Der Gegenauffassung, der sog. Einheitstheorie, ist zwar einzuräumen, dass mit dieser Zweiteilung der Gemeinschaft in Verband und Bruchteilsgemeinschaft das vom Gesetzgeber verfolgte Ziel, möglichst einfaches Recht zu schaffen, verfehlt wird. Der Grund dafür liegt freilich darin, dass eine Vereinfachung durch rechtliche Verselbstständigung der Gemeinschaft unter Beibehaltung der sachenrechtlichen Situation letztlich nicht erreichbar ist. Die Vereinfachung auf der einen Seite wird also »erkauft« mit der Verkomplizierung auf der anderen Seite. Dies soll hier nicht kritisiert, sondern lediglich festgestellt werden, denn auf keinen Fall soll hier weiteren Reformen oder einer Rückgängigmachung der Reform das Wort geredet werden. Aufgabe der Wissenschaft und der Literatur kann nur sein, die bestehende Lage klar zu analysieren und für die bestehenden Probleme sinnvolle Lösungen zu bieten.

Das Erfordernis nüchterner Analyse verbietet es, ungenaue und wenn auch poetische Begriffe zu verwenden, die die bestehenden Verhältnisse nicht treffend charakterisieren und zumindest zu Missverständnissen Anlass geben. Dazu gehört etwa das Bild der *januskopfigen Gemeinschaft*.[28] Diese Bezeichnung tut dem Gedanken des römischen Gottes Janus Unrecht, der die Dualität der ewigen Gesetze symbolisiert,[29] wie etwa von Zukunft und Vergangenheit oder von Anfang und Ende, und damit den unausweichlichen Antagonismus bezeichnet. Das aber steht hier nicht in Rede.

---

27 So schon *Lüke,* ZfIR 2007, 657, 660.

28 *Wenzel,* NZM 2006, 321 ff.; hierzu schon *Hügel*, DNotZ 2005, 753, 761.

29 *Brockhaus*, Enzyklopädie in 24 Bänden, Band. 11, 19. Aufl., 1990, Seite 101 f.

Selbst der Begriff der *Teilrechtsfähigkeit*, dessen Wert sogar im gesellschaftsrechtlichen Schrifttum inzwischen bezweifelt wird,[30] ist letztlich unpassend und nicht korrekt. Der Verband der Wohnungseigentümer ist in jeder Hinsicht rechtsfähig und nicht etwa teilrechtsfähig. Das ist nicht mit der Frage zu verwechseln, welche Rechte und Aufgaben diesem Rechtssubjekt zuzuordnen sind. Auch hierüber gibt es letztlich keinen Dissens. Zwar mag dieses Rechtssubjekt im Vergleich zu anderen Rechtssubjekten zahlreiche Besonderheiten haben, wie etwa die einer fehlenden Insolvenzfähigkeit (§ 11 Abs. 3 WEG), doch ändert das nichts an der Rechtsfähigkeit. Auch die Gebietskörperschaften etwa sind juristische Personen, aber in der Regel nicht insolvenzfähig.[31]

Die Teilrechtsfähigkeit wird immer unter dem Aspekt der Aufgabenzuständigkeit gesehen.[32] Auf diesen Gedanken kann man aber nur kommen, wenn man für den Verband nicht nur keine klar abgrenzende Bezeichnung hat, sondern weiterhin dem unzutreffenden Gedanken nachhängt, dass der Verband der Antipode zu dem einzelnen Wohnungseigentümer ist und es daneben keine Miteigentümergemeinschaft gebe.

2. Wohnungseigentümer als Verband

Damit ist klar, was mit dem Verband der Wohnungseigentümer bezeichnet wird: Das Rechtssubjekt, das zum Zwecke der Verwaltung des Wohnungseigentums geschaffen wird. Der Verband ist keinem anderen Rechtssubjekt im Zivilrecht gleichzusetzen. Teilweise hat er personalistische Strukturen, teilweise ist er eher Körperschaft.[33] Jedenfalls ist er nicht juris-

---

30 *Elzer*, in: Riecke/Schmid, Fachanwaltskommentar Wohnungseigentumsrecht, 3. Aufl. 2009, § 10 Rn. 385; den Begriff klarstellend *Hügel/Elzer*, WEG, 2015, § 10 Rn. 205, 208.

31 Auch die Tatsache, dass die Ausübung der Rechte von Gesetzes wegen durch den Verband stattfindet, lässt nicht den Schluss zu, dass es einer Bruchteilsgemeinschaft nicht bedarf. Im Übrigen müssen die Rechte auch dinglich zugeordnet werden, das sind sie aber nicht dem Verband, sondern der Gemeinschaft der Wohnungseigentümer.

32 Z. B. *Spielbauer*, in: Spielbauer/Then, WEG, 2. Aufl., 2012, § 10 Rn. 37.

33 S. schon BGHZ 163, 154, 163; 171 f.; Bärmann/*Suilmann,* WEG, 13. Aufl. 2015, § 10 Rn. 201 m. w. N.; *Hadding*, ZWE 2012, 61; *Krampen-Lietzke,* RNotZ 2013, 575, 576 f.

tische Person, sondern ähnelt eher einer rechtsfähigen Personengesellschaft nach § 14 Abs. 2 BGB.[34] Angesichts der Singularität der Ausgestaltung, kann aus der Struktur in der Regel nichts Zwingendes für die Lösung ungeregelter Fragen abgeleitet werden.

a) Verwaltungsvermögen als Vermögen des Verbandes

Entsprechend ist der Verband Inhaber des Verwaltungsvermögens. Dies wird durch § 10 Abs. 7 WEG angeordnet. Dieses Verwaltungsvermögen wird gebildet, damit das gemeinschaftliche Wohnungseigentum verwaltet werden kann. Es ist abzugrenzen von dem gemeinschaftlichen Eigentum der Wohnungseigentümer, das diesen eben zu Miteigentum zusteht. Das ergibt sich schon aus den bisherigen Ausführungen.[35]

b) Rechte und Pflichten des Verbandes[36]

aa) Die Wohnungseigentümer haben – vorbehaltlich anderweiter gesetzlicher Regelungen oder Vereinbarungen – das gemeinschaftliche Eigentum (§ 5 Abs. 2 und 3 WEG) zu verwalten (§ 20 Abs. 1 WEG).[37] Der Kreis dieser Aufgaben ergibt sich aus § 21 WEG. Daneben haben Verwalter und ein eventuell bestellter Beirat entsprechende Aufgaben, die gesetzlich näher bestimmt sind. Dazu gehören alle Entscheidungen und Maßnahmen[38], die erforderlich sind, um das gemeinschaftliche Eigentum zu erhalten, zu sichern oder es gar zu verbessern. Zu dem Aufgabenbereich der Gemeinschaft gehören alle Maßnahmen, die dem gemeinschaftlichen Eigentum zugutekommen.[39] Die Wohnungseigentümer handeln grundsätzlich durch Mehrheitsbeschluss. Sie werden insoweit durch den Verwalter vertreten,

---

34 *Elzer*, in: Riecke/Schmid, Fachanwaltskommentar Wohnungseigentumsrecht, 3. Aufl. 2009, § 10 Rn. 371.

35 *Hügel/Elzer,* WEG, 2015, § 10 Rn. 63.

36 Ausf. hierzu Bärmann/*Suilmann,* WEG, 13. Aufl., 2015, Anh. § 10 Rn. 29 ff.

37 *Hadding,* ZWE 2012, 61, 62 ff.

38 Armbrüster/Kräher, ZWE 2014, 1 f.

39 Das ist streitig. Im Hinblick auf die sich aus dem Gesetz ebenfalls ergebende Entscheidungszuständigkeit der Wohnungseigentümer werden diese Aufgaben auch bei den WEGs belassen, *Hügel/Elzer,* WEG, 2015, § 10 Rn. 215.

als dies gesetzlich (oder durch Vereinbarung) vorgesehen ist, § 27 WEG. Diese Aufgabe obliegt dem Verband als solchem ebenso wenig wie dem Verwalter.[40]

Aus der Vermögenszuordnung des Verwaltungsvermögens zu dem Verband[41] leitet sich ab, dass dieser für die Verwaltung dieses Vermögens zuständig ist. Als Rechtssubjekt kann der Verband selber Rechte und Pflichten begründen (§ 10 Abs. 6 Satz 1 WEG). Diese können sowohl ggü. Dritten als auch den Wohnungseigentümern bestehen. Handelndes Organ ist der Verwalter.

Zu den Aufgaben des Verbandes gehören die Ausübung der von ihm begründeten Rechte und die Erfüllung entsprechender Pflichten.[42] Darunter fällt etwa die Geltendmachung aller Ansprüche aus einem Verwaltungsgeschäft. Dem Verband obliegt der Abschluss sämtlicher Verträge mit Dritten, deren Zweck die Verwaltung des gemeinschaftlichen Eigentums ist.[43] Er nimmt die notwendigen Bankgeschäfte vor oder kauft das Heizöl. Er schließt die für die Erhaltung des gemeinschaftlichen Eigentums erforderlichen Werkverträge. Gleiches gilt für die Verträge mit dem Verwalter oder Hausmeister oder für die Vermietung von Wohnungen, die im gemeinschaftlichen Eigentum stehen. Der Verband nimmt diese Ausgaben selbstständig wahr.[44]

bb) Die Rechte und Pflichten, die aus dem Wohnungseigentum selber folgen, sind zwar grundsätzlich von den Wohnungseigentümern zu erfül-

---

40 H.M. *Armbrüster/Kräher,* ZWE 2014, 1, 7; *Jacoby,* ZWE 2014, 8, 12; *Hügel/ Elzer,* WEG, 2015, § 21 Rn. 84; a. A. *Schmid,* ZWE 2011, 202, 204; *Schmidt-Lehmann,* ZWE 2012, 463, 465 f.; s.a. BGH NJW 2012, 2955 Rn. 19, der aus der gegenüber dem Verband bestehenden Treuepflicht des einzelnen, die auch zur Mitwirkung an der Instandhaltung des gemeinschaftlichen Eigentums verpflichte, als Kehrseite folgert, dass dieser Verpflichtung des einzelnen Wohnungseigentümers die Verpflichtung des Verbands zu schließen sei, die gefassten Beschlüsse umzusetzen. Die Umsetzung obliege nach § 27 Abs. 1 WEG dem Verwalter, der dem Verband auf Erfüllung und gegebenenfalls auf Schadensersatz hafte. Eine solche Verschiebung der Zuständigkeiten lässt sich aber dem Gesetz nicht entnehmen; s. hierzu ausf. *Armbrüster/Kräher,* a. a. O.

41 Das Verwaltungsvermögen ist nicht ein Teil des gemeinschaftlichen Eigentums, h. M., Bärmann/*Armbrüster,* WEG, 13. Aufl., 2015, § 1 Rn. 55; *Armbrüster/ Kräher,* ZWE 2014, 1 f.

42 *Lehmann-Richter*, in: Riecke/Schmid, WEG, 4. Aufl., 2014, § 10 Rn. 307.

43 *Hügel/Elzer,* WEG, 2015, § 10 Rn. 215; § 21 Rn. 84.

44 *Elzer*, in: Riecke/Schmid, Fachanwaltskommentar Wohnungseigentumsrecht, 3. Aufl., 2009, § 10 Rn. 371.

len und wahrzunehmen. Das Gesetz überträgt in § 10 Abs. 6 Satz 3 WEG die Wahrnehmung derartiger Rechte und die Erfüllung derartiger Pflichten gegenüber Dritten insoweit dem Verband, als es um gemeinschaftsbezogene Rechte und Pflichten geht.

Hier weichen Rechtsinhaberschaft und Ausübungsbefugnis also voneinander ab. Der Verband ist von Gesetzes wegen verpflichtet, diese Rechte auszuüben. Man spricht in diesem Zusammenhang auch von der geborenen Zuständigkeit.[45] Sie steht m. a. W. nicht zur Disposition der Wohnungseigentümer. Hierzu zählt etwa die Geltendmachung von Wohngeldforderungen.[46] Die Schwierigkeit der Regelung ist offensichtlich. Um zu ermitteln, ob es sich um eine Aufgabe des Verbandes handelt, bedarf es der Feststellung, dass es im konkreten Fall um gemeinschaftsbezogene Pflichten geht.[47]

Die Gemeinschaft kann dem Verband weitere Pflichten, die nicht schon zu dem Kreis der vorgenannten Rechte gehören, zur Ausübung aufgeben. Dies ist mit dem Verbandszweck vereinbar. Hierbei handelt es sich um die sog. gekorene Zuständigkeit.[48]

cc) Zunächst war streitig, ob der Verband auch Immobilien erwerben kann. Inzwischen wird dies überwiegend befürwortet, nachdem auch die Grundbuchfähigkeit des Verbandes anerkannt ist. Teilweise wird dies mit der Maßgabe befürwortet, dass der Erwerb eine Maßnahme im Rahmen der ordnungsgemäßen Verwaltung darstellt.[49] So ist etwa denkbar, dass die Gemeinschaft die ständige Anwesenheit eines Hausmeisters für erforderlich erachtet und aus diesem Grund eine Hausmeisterwohnung erwirbt. Es bedarf hierfür allerdings eines entsprechenden Beschlusses der Wohnungseigentümer. Der Vorteil eines Grundstückserwerbs durch den Verband wird in der erleichterten Durchführung gesehen, da in aller Regel die

---

45 Z. B. *Dötsch*, in: BeckOK WEG, 26. Edition, § 10 Rn. 503 ff.; ausführlich Bärmann/*Suilmann,* WEG, 13. Aufl., 2015, Anh. § 10 Rn. 29 ff.; kritisch zum Begriff *Lehmann-Richter,* ZWE 2012, 463, 468.

46 *Hügel/Elzer,* WEG, 2015, § 10 Rn. 217.

47 Zum Begriff s. Bärmann/*Suilmann,* WEG, 13. Aufl., 2015, § 10 Rn. 243; *Spielbauer*, in: Spielbauer/Then, WEG, 2. Aufl., 2012, § 10 Rn. 43 ff.

48 Z.B. *Dötsch*, in: BeckOK WEG, 26. Edition, § 10 Rn. 545 ff.; s. auch Bärmann/*Suilmann,* WEG, 13. Aufl., 2015, § 10 Rn. 247 ff.

49 OLG Hamm, ZWE 2009, 452 ff.; *Spielbauer*, in: Spielbauer/Then, WEG, 2. Aufl., 2012, § 10 Rn. 50; Bärmann/*Suilmann,* WEG, 13. Aufl., 2015, § 10 Rn. 222 f. m. w. N.

Mitwirkung des Verbandes als Vertragspartner bei Vertragsabschluss leichter zu erreichen ist als die der Gemeinschaft der Wohnungseigentümer.[50]

Der Rechtserwerb ist allerdings nicht auf solche Erwerbe zu beschränken, die der ordnungsgemäßen Verwaltung entsprechen. Auch die Rechtsfähigkeit ist insoweit nicht begrenzt. Der gegenteilige Standpunkt würde für den Rechtsverkehr eine zu große Rechtsunsicherheit mit sich bringen und fände im deutschen Recht keine Parallele. Auch die Vertretungsmacht ist nicht etwa durch den Verbandzweck begrenzt, da bislang jedenfalls der Gedanke der ultra vires Lehre, nach der die Rechtsmacht (nicht die Rechtsfähigkeit) durch den Verbands- oder Gesellschaftszweck beschränkt ist und jenseits dessen eben keine Rechtsmacht besteht, nicht anerkannt ist.[51] Eine fehlende Vertretungsmacht ist daher nur entsprechend den allgemeinen Regel des Missbrauchs der Vertretungsmacht anzunehmen. Zur Absicherung der ordnungsgemäßen Verwaltung sollte der beurkundende Notar sich danach erkundigen, ob Anfechtungsverfahren gegen den Erwerbsbeschluss der Wohnungseigentümer rechtshängig ist und bejahendenfalls auf die Folgen der Beurkundung hinweisen oder generell von der Vornahme des Geschäftes bis zur Beendigung des Verfahrens wegen Anfechtung des Beschlusses abraten bzw. – bei noch nicht erfolgter Anfechtung – raten, den Ablauf der Anfechtungsfrist abzuwarten.

Als weiteres Problem stellt die Frage dar, welche Stellung der Verband als Eigentümer innerhalb des Verbandes hat. Es versteht sich, dass der Verband innerhalb seiner eigenen Struktur aufgrund seines Eigentums kein Mitwirkungsrecht haben kann. Man wird infolge dessen in derartigen Fällen von einem Ruhen des Stimmrechts ausgehen müssen. Auf die weiteren mit dem Erwerb von Sondereigentum verbundenen Probleme ist hier nicht weiter einzugehen. Sie sind zugegebenermaßen nicht unerheblich, aber – wie verschiedene Untersuchungen zeigen – lösbar.[52]

---

50 S. *Hügel,* NZM 2009, 457, 459; OLG Celle, Beschl. v. 26. Februar 2008 – 4 W 213/07, NZM 2008, 370; LG Frankenthal, Beschl. v. 3. Dezember 2007 – 1 T 323/07, BeckRS 2008, 04931; *Hügel/Elzer*, Das neue WEG-Recht, 2007, S. 157; *Häublein*, in: FS Wenzel, 2005, S. 175 ff.; *ders.*, ZWE 2007, 474; *Abramenko*, ZMR 2006, 338; *Wenzel*, ZWE 2006, 462, 469 f.; *Kümmel*, ZMR 2007, 894; a. A. *Jennißen*, NZM 2006, 203, 205.

51 Für einen Ausnahmefall, der bei näherem Hinsehen freilich nur scheinbar ein solcher ist, s. *Basty,* ZWE 2009, 253, 256.

52 *Abramenko*, ZWE 2010, 193, 196 ff.

c) Verbandszweck und Abänderbarkeit

Der Verbandszweck, der sich aus dem Gesetz ergibt, ist grundsätzlich nicht änderbar. An diesem Umstand und nicht an der Rechtsfähigkeit scheitert auch die Wahrnehmung von Pflichten, die einen einzelnen Sondereigentümer aus seinem Wohnungseigentum treffen.[53]

3. Entstehung des Verbandes – die werdende Wohnungseigentümergemeinschaft

Grundsätzlich entsteht der Verband der Wohnungseigentümer mit Eintragung des zweiten Wohnungseigentümers in das Grundbuch.[54] Bei einer Vorratsteilung sollte der Erwerber schon vor Vollzugsetzung der Wohnungseigentümergemeinschaft auf die gemeinschaftliche Verwaltung Einfluss haben, selbst wenn der Erwerber als Wohnungseigentümer noch nicht das Wohnungseigentum erworben hat. Voraussetzung dafür ist allerdings, dass der Erwerber eine gesicherte Rechtsposition im Hinblick auf den anstehenden Erwerb des Wohnungseigentums hat. Der Bundesgerichtshof bejaht eine solche Rechtsstellung, wenn folgende Voraussetzungen vorliegen:

- wirksamer Erwerbsvertrag, der auf den Erwerb des in Rede stehenden Wohnungseigentums gerichtet ist
- Sicherung des Auflassungsanspruchs durch Vormerkung
- Besitzerwerb an der Wohnung

Auf die Anlegung der Wohnungsgrundbücher soll es dagegen nicht ankommen. Die Mitgliedschaft in einer werdenden Gemeinschaft erwirbt im Übrigen nicht etwa nur der Eigentümer, der vor Vollzugsetzung der Wohnungseigentümergemeinschaft die vorgenannte Rechtsposition erwirbt, sondern schon aus Gründen der Gleichheit jeder Ersterwerber eines Son-

---

53 A.A. *Hügel/Elzer*, WEG, 2015, § 10 Rn. 65 a. E.; zwar mag diese Frage eher theoretischer Natur sein, doch entspricht es dem hier eingenommenen Standpunkt, dass der Verband grundsätzlich rechtsfähig. Es lässt sich daher durchaus vertreten, dass die Grenzen der Zuständigkeit durch entsprechende Willenserklärung erweitert werden können.

54 Völlig h.M. s. *Elzer*, in: Riecke/Schmid, Fachanwaltskommentar Wohnungseigentumsrecht, 3. Aufl., 2009, § 10 Rn. 377; a.A. *F. Schmidt*, ZMR 2009, 725, 741, der eine Einpersonengemeinschaft für möglich erachtet.

dereigentums, selbst wenn es dann schon eine Wohnungseigentümergemeinschaft gibt. Ebenso wird den Inhabern die Mitgliedschaft in der werdenden Wohnungseigentümergemeinschaft mit dem Vollzug der Gemeinschaft, d.h. mit der Eintragung des ersten Wohnungseigentümers als Inhaber des Sondereigentums, diese wieder entzogen.[55] Vielmehr setzt sich die Gemeinschaft dann aus werdenden Wohnungseigentümern und Wohnungseigentümern zusammen.

Hier allerdings ergeben sich unter dem Aspekt der Teilung von Verband und Bruchteilsgemeinschaft durchaus Probleme, wenn noch keiner der künftigen Wohnungseigentümer im Grundbuch eingetragen ist. Dann nämlich scheint es zwar den Verband der Wohnungseigentümer, nicht aber die Bruchteilsgemeinschaft zu geben, da es an mehreren Eigentümern fehlt. Eine solche Gemeinschaft lässt sich allenfalls mit dem Vorratsteilenden und dem Vormerkungsberechtigten bilden. Hier kann also der künftige Wohnungseigentümer seine mitgliedschaftlichen Rechte im Verband ausüben und so an der Verwaltung nach § 21 Abs. 1 WEG mitwirken, nicht jedoch an der Verwaltung durch Mehrheitsentscheidung gem. § 21 Abs. 3 WEG, wenn man auch insoweit eine Geltung des WEG zeitlich vorzieht.[56] Das aber wurde schon nach der früher h. M.[57] vertreten.

4. Beendigung des Verbandes

Der Verband endet spiegelbildlich zu seiner Entstehung damit, dass es nur noch einen Eigentümer der Wohnungen gibt. Zwar regelt das Gesetz dies nur mittelbar, indem es für diesen Fall den Übergang des Vermögens auf den verbliebenen Wohnungseigentümer anordnet. Da aber das Verwaltungsvermögen wesentliche Voraussetzung für die Wahrnehmung der Aufgaben durch die Gemeinschaft ist, wird man hieraus auch das Ende des Verbandes schließen müssen.[58] Zudem fehlt es für eine fortbestehende Trennung der Vermögensmasse im Vermögen des Alleineigentümers nicht nur an einer entsprechenden Vorschrift, sondern auch an einem Bedarf. Es

---

55 Ausführlich zu diesen Fragen *Reymann*, ZWE 2009, 233, 239 ff.

56 *Kümmel*, in: Niedenführ/Kümmel/Vandenhouten, WEG, 10. Aufl., 2013, § 10 Rn. 14.

57 S. dazu *Lüke*, in: Weitnauer, WEG, 9. Aufl., 2005, Nach § 10 Rn. 3 ff.

58 *Bonifacio,* NZM 2009, 561, 562 f.

ist dem Alleineigentümer nunmehr überlassen, ob und wie er die Mittel der Instandhaltung vorhält, so wie es ihm ebenso überlassen ist, überhaupt für eine ordentliche Instandhaltung Sorge zu tragen.

III. Handeln im Außenverhältnis

1. Beispiel Kreditaufnahme und Kreditsicherung

Ganz ähnlich dem Immobilienerwerb ist es dem Verband ebenfalls möglich, einen Kredit aufzunehmen, der den Rahmen eines kurzfristigen Kredits zur vorübergehenden Abdeckung eines Liquiditätsbedarfs in überschaubarer Höhe übersteigt. Eine solche Kreditaufnahme bedarf der Beschlussfassung der Wohnungseigentümer. Es fehlt zwar an einer ausdrücklichen Regelung. Der Bundesgerichtshof pflichtet jedoch jenen Stimmen bei, die in der Regelung des § 27 Abs. 1 Nr. 4 WEG zumindest einen Anhalt dafür sehen, dass die Gemeinschaft eine Beschlusskompetenz dafür hat, dass der Finanzbedarf durch eine Kreditaufnahme gedeckt wird.[59] Nach dieser Vorschrift ist der Verwalter berechtigt und verpflichtet, Tilgungsbeträge anzufordern, in Empfang zu nehmen und abzuführen, soweit es sich um gemeinschaftliche Angelegenheiten der Wohnungseigentümer handelt. Auch wirkt sich die Rechtssubjektivität aus, indem sie eine derartige Kreditaufnahme erleichtert. Der Bundesgerichtshof hat jedenfalls grundsätzlich eine solche Beschlusskompetenz befürwortet.

Das Wohnungseigentumsgesetz enthalte keine Anhaltspunkte dafür, dass den Wohnungseigentümern diese seit Anerkennung der Rechtsfähigkeit der Wohnungseigentümergemeinschaft bestehende Möglichkeit trotz ihres Selbstorganisationsrechts nur in besonders gelagerten Ausnahmefällen zu Gebote stehen solle. Dies wäre auch mit der Zielsetzung, möglichst vielen Bürgern, nicht nur einkommensstärkeren, den Erwerb einer Eigentumswohnung zu ermöglichen, nur schwer vereinbar.[60]

---

59 BGH, Urt. v. 28. September 2012 – V ZR 251/11, BGHZ 195, 2 = NJW 2012, 371 m. Anm. *Elzer*; *ders*., NZM 2009, 59; s. auch *Dötsch*, MDR 2013, 1441; *Bub*, ZWE 2010, 246; *Abramenko*, ZMR 2011, 177; vgl. auch LG Bielefeld, NJW-RR 2012, 143 unter Bezugnahme auf § 27 Abs. 2 Nr. 1 WEG a. F.; ausführlich hierzu *Bub,* ZWE 2010, 246.

60 BGH, Urt. v. 25. September 2015 – V ZR 244/14, DNotZ 2015, 924, 926.

Dies ist keineswegs selbstverständlich, können doch mit einer solchen Kreditaufnahme trotz der Haftungsverfassung der Gemeinschaft, die im Außenverhältnis zwar eine Teilschuldnerschaft in Höhe des Eigentumsanteils vorsieht, für den einzelnen Wohnungseigentümer erhebliche Belastungen verbunden sein. Der Bundesgerichtshof verweist zur Begründung der Beschlusskompetenz vor allem auf die Motive des Gesetzgebers. Ihm sei es darum gegangen, die Verwaltung des Gemeinschaftseigentums durch Stärkung der Beschlusskompetenz zu erleichtern.[61]

Eine hiervon zu trennende Frage ist es, unter welchen Voraussetzungen eine derartige Kreditaufnahme ordnungsgemäßer Verwaltung entspricht. Hierauf ist im vorliegenden Zusammenhang nicht weiter einzugehen.

Nimmt der Verband einen Kredit auf, so ist das Geschäft als Verbraucherkredit einzustufen, sofern nur Wohnungseigentümer Verbraucher i. S. des § 14 BGB sind und der Kredit weder gewerblichen noch den Zwecken einer selbstständigen beruflichen Tätigkeit dient.[62] Nur mit einer solchen Auslegung werde einem effizienten Verbraucherschutz Genüge getan.

Eine Besicherung der Kredite durch Grundschulden kann natürlich nur durch die Begründung von Grundschulden an jedem einzelnen Wohnungseigentum stattfinden. Besonderheiten ergeben sich beim Anspruch auf Einräumung einer Bauhandwerkersicherungshypothek. Einen solchen Anspruch wird man trotz fehlender Identität von Besteller (Verband) und Wohnungseigentümer entgegen dem Wortlaut des § 648 Abs. 1 Satz 1 BGB bejahen können.[63]

2. Deliktische Haftung des Verbandes oder der Wohnungseigentümergemeinschaft

Der Verband kann auch deliktisch haften. Dies gilt etwa für das Verhalten des Verwalters, das dem Verband anhand § 31 BGB zugerechnet wird.[64]

---

61 BT-Drs. 16/887, S. 1, 10 f. = NZM 2006, 401, 405.

62 BGH, Urt. v. 25. März 2015 – VIII ZR 243/13, BGHZ 195, 22 = DNotZ 2016, 32 m. Anm. *Elzer*.

63 Für Einzelheiten s. *Armbrüster,* ZWE 2008, 167, 168; *Armbrüster/Kräher,* ZWE 2014, 1, 4.

64 OLG Oldenburg, Urt. v. 13. Februar 2014 – 1 U 77/13, ZWE 2014, 313; AG München, Schlussurt. v. 31. März 2014 – 424 C 29442/13, ZWE 2014, 364, jeweils zu dem streitigen Fall der Verkehrssicherungspflicht; *Wenzel,* ZWE 2009,

Ein besonderes Problem besteht im Zusammenhang mit den Verkehrssicherungspflichten, da hier fraglich ist, wer für die Verkehrssicherungspflichten einzustehen hat. Nach zum Inkrafttreten der Gesetzesänderung gängiger Auffassung waren die Wohnungseigentümer als Gemeinschaft verkehrssicherungspflichtig und hatten für in diesem Zusammenhang entstehende Schäden einzutreten. Zwar war auch der Verwalter verkehrssicherungspflichtig kraft seiner organschaftlichen Stellung, sofern man eine solche befürwortete. An letzterem hat sich insoweit etwas geändert, als dass aufgrund seiner Tätigkeit für den Verband an seiner organschaftlichen Stellung keine Zweifel mehr bestehen sollten. Weitergehend fragt sich, ob Gleiches auch im Hinblick auf die Wohnungseigentümer gesagt werden kann oder stattdessen oder daneben der Verband haftet.[65]

Das Oberlandesgericht München[66] geht von letzterem aus und ersetzt gewissermaßen die Gemeinschaft durch den Verband. Diese noch vor dem Inkraftreten der Gesetzesreform ergangene Entscheidung befasst sich mit dieser Frage nicht weiter, sondern verweist auf eine entsprechende Stellungnahme in der Literatur. Dieser Austausch liegt jedenfalls dann nicht nahe, wenn der Rechtsgrund für die Verpflichtung für die Verkehrssicherheit sich aus der Eigentümerstellung ableitet. Alle Wohnungseigentümer sind Miteigentümer des gemeinschaftlichen Eigentums. Sie können als einzelne für die Wahrnehmung dieser Aufgaben insoweit etwas tun, als sie für eine Wahrnehmung der Pflichten durch Dritte oder den Verwalter sorgen. Das geschieht durch entsprechende Beschlüsse.

Soweit es die weitere Frage angeht, spricht vieles dafür, darauf abzustellen, ob die Pflicht an die rechtliche oder die tatsächliche Stellung anknüpft. Im ersteren Fall, wie etwa der Gebäudeunterhaltspflicht, sind die Wohnungseigentümer die Verpflichteten und nicht der Verband, der diese Aufgaben für die Gemeinschaft nur wahrnimmt. In anderen Fällen, die auf

---

57, 62. Ob der Verband im Verhältnis zu dem einzelnen Wohnungseigentümer selbst zur ordnungsgemäßen Verwaltung des Gemeinschaftseigentums verpflichtet ist und für Verstöße gegen diese Pflicht durch die Mehrheit der Wohnungseigentümer nach § 31 BGB einzustehen hat, ist umstritten; für die Haftung des Verbands etwa LG Hamburg ZMR 2009, 714; *Heinemann*, in: Jennißen, WEG, 3. Aufl., 2012, § 21 Rn. 48; für die Haftung der Wohnungseigentümer etwa Bärmann/*Merle*, WEG, 11. Aufl., § 21 Rn. 45. Der BGH hat die Frage bislang offengelassen, s. BGH, Urt. v. 13. Juli 2012 – V ZR 94/11, NJW 2012, 2955.

65 Für Nachweise s. schon o. Fn. 64; zur Problematik ausf. *Greiner/Dötsch,* ZWE 2014, 343.

66 OLG München, Beschl. v. 24. Oktober 2005 – 34 Wx 82/05, NJW 2006, 1293.

den Besitz abstellen, ist davon auszugehen, dass dies den Verband trifft. Ob der Unterschied zwischen beiden Möglichkeiten so groß ist, muss bezweifelt werden, da der Verband auch diese Unterhaltspflichten im Rahmen des § 10 Abs. 6 Satz 3 WEG als geborene Aufgaben wahrnehmen muss.[67] Der einzelne in Anspruch genommene Wohnungseigentümer wird dem vielfach fehlendes Verschulden entgegenhalten können. Die Problematik zeigt aber die Schwierigkeiten bei der Zuordnung der Pflichten und der Unterscheidung zwischen Verband und Wohnungseigentümern.

IV. Zur Haftungsverfassung der Wohnungseigentümergemeinschaft

1. Haftung des Verbandes – Zurechnung des Verwalterhandelns[68]

Gläubiger von Ansprüchen gegen die Wohnungseigentümer haben den Verband in Anspruch zu nehmen. Das gilt unabhängig davon, ob es sich bei dem Gläubiger um einen Dritten oder einen Wohnungseigentümer handelt, sofern letzterer einen Anspruch geltend macht, der nicht auf dem Gemeinschaftsverhältnis beruht. Der Verband haftet für die von ihm eingegangenen Verbindlichkeiten in vollem Umfang.

Anders als Kapitalgesellschaften fehlt es dem Verband an einem Stammkapital. Soweit der Verband aber über entsprechendes Vermögen aus den Hausgeldzahlungen verfügt, die für die Erfüllung seiner Aufgaben vorgesehen sind, stellt sich die Frage, ob auf diese Mittel selbst dann im Vollstreckungswege zugegriffen werden kann, wenn sie einem anderen Zweck gewidmet sind. Eine solche Zwecksetzung hat grundsätzlich nur interne Bedeutung und kann bei der Vollstreckung keine Beachtung finden. Das Geld bleibt Bestandteil des Vermögens des Verbandes und steht damit dem Vollstreckungszugriff offen.

Allenfalls ließe sich an die Führung von Treuhandkonten denken. Dies stößt freilich an die Grenzen des geltenden Unmittelbarkeitsgrundsatzes. Ob eine unmittelbare Überweisung eines Betrags etwa im Rahmen einer Sonderumlage diese Voraussetzung erfüllen würde, erscheint zumindest

---

67 Spielbauer, in: Spielbauer/Then, WEG, 2. Aufl., 2012, § 10 Rn. 43 m. w. N.; *Jennißen*, in: Jennißen, WEG, 3. Aufl., 2012, § 10 Rn. 66.

68 Ausführlich zur Haftungsverfassung *Fauser*, Die Haftungsverfassung der Wohnungseigentümergemeinschaft nach dem neuen WEG, PiG Bd. 81, 2007, passim.

nicht ausgeschlossen.[69] Bejahendenfalls könnte der Verwalter bei einer Vollstreckung durch einen Gläubiger, zu dessen Befriedigung dieses Konto nicht geführt wurde, gem. § 771 ZPO Drittwiderspruchsklage erheben. Ob eine solches aufwendiges Verfahren mit Treuhandkonten aber den Grundsätzen ordnungsgemäßer Verwaltung entspricht, erscheint zumindest fraglich. Der Verwalter muss in der Lage sein, vorhandene Mittel aus dem Vermögen des Verbandes zu anderen Verwaltungszwecken einzusetzen, als ursprünglich vorgesehen.

Anders als bei den Personengesellschaften tritt an die Stelle der Absicherung nicht die persönliche Haftung der Wohnungseigentümer in voller Höhe, wie sie etwa in § 128 HGB vorgesehen ist. In diesem wichtigen Punkt unterscheidet sich die gesetzliche Regelung von der Auffassung des Bundesgerichtshofs.

2. Anteilige akzessorische Außenhaftung der Wohnungseigentümer

Während der Bundesgerichtshof noch von einer akzessorischen Haftung der Wohnungseigentümer in Höhe der gegen die Gemeinschaft gerichteten Forderung ausging, wenn diese sich neben der Gemeinschaft klar und eindeutig persönlich verpflichtet haben,[70] ordnet das Gesetz an, dass die Wohnungseigentümer nur eine Teilschuld in der Höhe ihres Eigentumsanteils trifft. Abweichendes kann selbst durch Beschluss nicht geregelt werden, da den Wohnungseigentümern insoweit die Beschlusskompetenz fehlt.[71] Für Verträge mit Versorgungsunternehmen wird freilich angenommen, dass es eine solche gesamtschuldnerische Regelung gibt. So hat das Kammergericht in einer Entscheidung einen konkludenten Vertragsschluss nach § 2 Abs. 2 der Verordnung über Allgemeine Bedingungen für die Versorgung mit Wasser (AVBWasserV) bei einer Wasserentnahme

---

69 A. A. *Derleder/Fauser,* ZWE 2007, 2, 5.

70 BGH, Beschl. v. 2. Juni 2005 – V ZB 32/05 – NJW 2005, 2061 unter III. 9. a; im Übrigen lehnte das Gericht mangels gesetzlicher Vorschriften eine solche Haftung ab. Der Senat verwies die Verbandsgläubiger vielmehr darauf, sich ihre Ansprüche gegen den Verband titulieren zu lassen und ins Verwaltungsvermögen zu vollstrecken, insb. in Konten des Verbands und Beitragsforderungen gegen die Eigentümer.

71 BGH, Urt. v. 28. September 2012 – V ZR 251/11, NJW 2012, 3719 m. Anm. *Elzer*.

angenommen. Nach den Allgemeinen Geschäftsbedingungen des Wasserversorgers, die damit auch Inhalt des Vertrages geworden seien, werde der Vertrag mit der Wohnungseigentümergemeinschaft abgeschlossen.[72] Im konkreten Fall knüpfte die Entgeltpflicht an die Stellung als Wohnungseigentümer an und man wird daher wohl von ersterem ausgehen müssen. Fraglich erscheint allerdings, weshalb in einem solchen Fall der Verband als solcher haften soll. Die gesamtschuldnerische Mithaft folgert das Gericht aus einer entsprechenden Vorschrift der Allgemeinen Geschäftsbedingungen.

Die Haftung des Verbandes und der Wohnungseigentümer im angesprochenen Umfang wirft zunächst einmal das bereits angesprochene Problem des Verhältnisses zwischen beiden Haftenden auf. Der Gläubiger kann wahlweise den Verband in voller Höhe oder aber den einzelnen Wohnungseigentümer in Höhe des zu tragenden Anteils in Anspruch nehmen. Die Haftung des Wohnungseigentümers steht somit nicht etwa zu jener des Verbands in einem Subsidiaritätsverhältnis, sondern ist gleichrangig, da das Gesetz nicht auf die Einrede der Vorausklage des Bürgschaftsrechts verweist.

Die Haftung des Wohnungseigentümers ist aber in der Höhe begrenzt (§ 10 Abs. 8 Satz 1 WEG). Mit dieser Begrenzung wollte der Gesetzgeber die Wohnungseigentümer vor einer alleinigen Inanspruchnahme in Höhe der gesamten Verbindlichkeit des Verbandes schützen.[73]

Es handelt sich nach dem Verständnis des Gesetzgebers und der h. M. zwar um eine Primärhaftung,[74] aber um eine andere Verbindlichkeit und nicht etwa eine Gesamtschuld. In diesem Punkt folgt die Regelung der Auffassung des Bundesgerichtshofs zur Gesellschaft bürgerlichen Rechts. Dort stellte das Gericht fest, für die Gesellschaft als originär Verpflichtete sei die entsprechende Anwendung der Gesamtschuldregeln im Verhältnis zur Gesellschafterhaftung grundsätzlich angebracht. Stünden den Gesellschaftern beispielsweise individuelle Einreden i. S. des § 425 BGB gegen ihre persönliche Inanspruchnahme zu, so wäre es nicht gerechtfertigt, wenn sich die Gesellschaft ebenfalls darauf berufen könnte.

---

72 KG, Urt. v. 29. September 2006 – 7 U 251/05, NJW-RR 2007, 232.

73 S. BT-Drs. 16/887, S. 65.

74 *Hügel/Elzer*, WEG, 2015, § 10 Rn. 295; *Lehmann-Richter*, in: Riecke/Schmid, WEG, 4. Aufl., 2014, § 10 Rn. 376; ausf. *Dötsch,* ZWE 2012, 401 ff.

Die Ablehnung einer Gesamtschuld zwischen einzelnen Wohnungseigentümer und Verband ist insoweit problematisch, als bei einer Teilschuld zwar jeder Gläubiger nur den entsprechenden Teil schuldet. Im Verhältnis zwischen Verband und dem einzelnen Wohnungseigentümer besteht allerdings die Schwierigkeit, dass der Verband den vollen Betrag und der einzelne Wohnungseigentümer nur den Teil schuldet. Eine Leistung durch den Wohnungseigentümer könnte danach der Verband dem Gläubiger nicht entgegengehalten. Schon das könnte für die Annahme einer Gesamtschuld im Verhältnis zwischen Verband und einzelnen Wohnungseigentümern sprechen. § 422 BGB regelt, dass die Erfüllung durch einen Schuldner auch der andere Gesamtschuldner einwenden kann. So stellt sich die Frage, weshalb es hier anders sein sollte. Leistet ein Wohnungseigentümer in Höhe seiner Schuld, so muss diese Erfüllung auch dem Verband zugutekommen. Bei anderen Einreden wurde jedenfalls bei der GbR eine solche Berücksichtigung wie in § 425 BGB als nicht angemessen angesehen.

Die umgekehrte Situation, in der dem Verband etwa ein Mangeleinwand gegen die Forderung zusteht, ist gesetzlich geregelt. Dem einzelnen Wohnungseigentümer steht diese Befugnis dann ebenfalls zu. Dies sieht § 10 Abs. 8 Satz 2 WEG vor. Danach kann der Wohnungseigentümer sämtliche Einreden und Einwendungen des Verbandes ebenfalls geltend machen. Der Gläubiger kann also auf dem – zugegebenermaßen umständlichen – Weg der Inanspruchnahme aller Wohnungseigentümer dieses Hindernis bei der Durchsetzung seines Anspruchs umgehen.

Die Vorschrift bestätigt die h. M.,[75] nach der es sich bei der Haftung der Wohnungseigentümer und jener des Verbandes nicht um eine gemeinsame Schuld (und sei es auch in Höhe der (Teil-)Schuld des einzelnen Wohnungseigentümers) mehrerer Subjekte und damit um eine Gesamtschuld handelt, sondern vielmehr um parallele Forderungen, deren Bestand in ihrem Umfang von der parallelen Hauptverbindlichkeit abhängt.

---

75 Z.B. *Dötsch,* ZWE 2012, 401, 402.

3. Sekundärhaftung gegenüber dem Verband

a) Grundregel

Mag diese Regelung des § 10 Abs. 8 Satz 1 WEG vordergründig dem einzelnen Wohnungseigentümer einen entsprechenden Schutz bescheren, so stellt sie für den Gläubiger eine nicht unerhebliche Einschränkung dar. Der Gläubiger begründet gegenüber einem Verband eine Verbindlichkeit. Dieser muss weder eigenes Vermögen haben, noch haften seine Mitglieder subsidiär auf den vollen Betrag. Ob dieser Umstand allerdings zu den seinerzeit vorausgesagten Problemen geführt hat, lässt sich aus Sicht des Verfassers schlecht beurteilen. Man muss vermuten, dass die befürchteten Schwierigkeiten nicht eingetreten sind. Allerdings wirft die Konstruktion weitere Probleme auf, die das Zusammenspiel von Außen- und Innenhaftung nach § 10 Abs. 4 WEG gegenüber der Gemeinschaft betreffen. Auch diese unterliegt den betragsmäßigen Grenzen der Außenhaftung. Der hiermit beabsichtigte Gleichklang ist aber wegen der Verpflichtung zu Nachschüssen, auf die noch einzugehen ist, nur eingeschränkt möglich.

Es stellt sich aber die Frage, ob der Wohnungseigentümer, wenn er dann gegenüber dem Gläubiger im Außenverhältnis geleistet hat, dies im Innenverhältnis in irgendeiner Weise geltend machen kann. Meist wird dies unter dem Aspekt der Aufrechnung erörtert.[76] Wohl überwiegend wird eine solche Aufrechnung etwa einer Sonderumlage mit einem Ersatzanspruch analog § 110 HGB – eine Notgeschäftsführung wird in der Regel nicht gerechtfertigt sein – befürwortet.[77] Das Problem scheint hier darin zu bestehen, dass man eine Aufrechnung gegen die konkrete Sonderumlageforderung des Verbandes mit einem Anspruch analog § 110 HGB im Ergebnis durchaus für sinnvoll erachten kann, die Aufrechnung aber kaum auf diesen Fall begrenzt werden kann. Im Übrigen entspricht der Umfang der Außenhaftung nicht notwendigerweise dem Verteilungsschlüssel nach § 16 WEG im Innenverhältnis. Nach früherem Recht fehlte es schon an der für die Aufrechnung notwendigen Gegenseitigkeit. Dem Anspruch der

---

76 Z. B. *Derleder/Fauser,* ZWE 2007, 2, 8; Bärmann/*Suilmann,* WEG, 13. Aufl. 2015, § 10 Rn. 331; Timme/*Dötsch*, WEG, 2010, § 10 Rn. 597.

77 *Derleder/Fauser,* ZWE 2007, 2, 8; Timme/*Dötsch*, WEG, 2010, § 10 Rn. 597; a. A. Bärmann/*Suilmann,* WEG, 13. Aufl., 2015, § 10 Rn. 331; *Jennißen,* in: Jennißen, WEG, 3. Aufl., 2012, § 10 Rn. 111.

einzelnen Wohnungseigentümer gegen den einzelnen Wohnungseigentümer auf Zahlung einer Sonderumlage stand der Regressanspruch des Wohnungseigentümers gegen die Gemeinschaft der Wohnungseigentümer gegenüber. An dieser fehlenden Wechselseitigkeit ändert auch die Tatsache nichts, dass die Forderungen der Wohnungseigentümer auf Beteiligung an den Kosten diese nur gemeinsam geltend machen konnten.[78]

Auch wenn nach neuem Recht die erforderliche Wechselseitigkeit nicht mehr fehlt, ist es zumindest denkbar, dass im Innenverhältnis ein anderer Verteilungsschlüssel besteht und der einzelne Wohnungseigentümer mit der im Außenverhältnis geleisteten Zahlung daran gemessen zu viel oder zu wenig geleistet hat. Das allerdings würde sich nur auf den Umfang des Erlöschens durch Aufrechnung auswirken und ihr nicht entgegenstehen.

Schwieriger ist es für den Verwalter bei derartigen Möglichkeiten den Liquiditätsbedarf des Verbandes sicherzustellen. Das gilt umso mehr, als der Verwalter von Leistungen des einzelnen Wohnungseigentümers an den Gläubiger des Verbandes möglicherweise erst durch die Aufrechnung erfährt. Letztlich muss eine solche Begrenzung möglich sein, will man die betragsmäßigen Grenzen nicht völlig wirkungslos sein lassen.

Umgekehrt ändert aber die Leistung im Innenverhältnis an den Verband etwa auf eine beschlossene Sonderumlage nichts daran, dass der Wohnungseigentümer im Außenverhältnis weiter haftet. Hier kann der Wohnungseigentümer nicht etwa die erfolgte Leistung dem Gläubiger entgegenhalten (§ 10 Abs. 8 Satz 2 WEG a. E.). Je nach Geschehensablauf kann eine doppelte Inanspruchnahme des Wohnungseigentümers nicht ausgeschlossen werden.

b) Begrenzung der Haftung

Der Zweck der Begrenzung in Satz 1 und auch in Satz 4 von § 10 Abs. 8 WEG liegt auf der Hand. Allerdings stellt sich die Frage, ob dieses Ziel erreicht wird, wie die nachfolgenden Ausführungen zu den Nachschüssen zeigen werden.

---

78 BGH, Beschl. v. 20. April 1990 – V ZB 1/90, NJW 1990, 2386.

4. Problem der Nachschüsse

Angesichts der Tatsache, dass der Verband selber vielfach über kein ausreichend großes Vermögen verfügt, um daraus die Kosten großer Instandhaltungsmaßnahmen zu begleichen, wird die Gemeinschaft entsprechende Umlagebeschlüsse fassen. Ist einer oder sind mehrere Wohnungseigentümer nicht in der Lage, derartige Nachschusspflichten zu erfüllen, so sind die übrigen Wohnungseigentümer durch Mehrheitsbeschluss zu einem erneut zu beschließenden Nachschuss verpflichtet.[79] In der Sache bedeutet das natürlich eine Überschreitung der Grenzen des § 10 Abs. 8 Satz 1 WEG, der über die Vorschrift des § 10 Abs. 8 Satz 4 WEG auch im Innenverhältnis gilt.[80] Diese Folge ist unvermeidlich und letztlich die maßgebliche Rechtfertigung für die gesetzliche Regelung des § 11 Abs. 3 WEG, nach der der Verband nicht insolvenzfähig ist. Solange noch ein Wohnungseigentümer für den Nachschuss zur Verfügung steht, ist der Verband auch materiell nicht insolvent i. S. einer Zahlungsunfähigkeit.

Trotz dieses Zusammenhangs wird im Schrifttum erörtert, wie im Falle einer Vollstreckung durch den Gläubiger des Verbandes, der Vollstreckungszugriff auf den Anspruch des Verbandes gegen den Wohnungseigentümer auf den beschlossenen Nachschuss verhindert werden kann. Ansonsten handele es sich bei dieser Begrenzung um ein »Placebo«.[81] So wird etwa die analoge Anwendung von § 851b ZPO vorgeschlagen, der die Pfändung von Miet- und Pachtzinsen beschränkt, soweit die Einkünfte aus Vermietung und Verpachtung unentbehrlich sind, um die Miet- oder Pachtsache zu unterhalten. Entsprechend ließe sich hier argumentieren, dass der Wohnungseigentümergemeinschaft das von den Kosten- und Lastenbeiträgen verbleiben müsse, was nötig sei, um die Wohnungseigentumsanlage und deren Benutzbarkeit nicht zu gefährden.[82]

Im Kern geht es somit nicht um eine Durchsetzung der Begrenzung von § 10 Abs. 8 Satz 4 WEG, sondern um einen Vollstreckungsausschluss für

---

79 BGH, Urt. vom 25. September 2015 – V ZR 244/14, DNotZ 2015, 924 für Kreditaufnahme durch die Gemeinschaft; BeckOGK/*Falkner*, WEG (Stand 1.4.2016), § 10 Rn. 579; *Derleder/Fauser,* ZWE 2007, 2, 4 und 10 f.; *Dötsch,* ZWE 2012, 401, 405; *Briesemeister,* NZM 2007, 225, 228.

80 S. hierzu *Dötsch*, MDR 2013, 1441, 1443; *Bub*, ZWE 2010, 246, 247; *Abramenko*, ZMR 2011, 173, 177.

81 *Schmid,* ZMR 2012, 85, 87.

82 *Schmid,* ZMR 2012, 85, 87.

den Fall, dass ansonsten nicht mehr genügend Mittel zur Instandhaltung der Anlage im Übrigen vorhanden sind, da auch hier die Grenze der Pfändbarkeit des Forderungsvermögens liegen soll. Selbst wenn man dem im Ergebnis zustimmte, so könnte das kaum anders sein für bereits vorhandenes, für eine ordnungsgemäße Verwaltung notwenige Vermögen. § 851b ZPO, der die Forderungsvollstreckung betrifft, kann dann allerdings kaum noch herangezogen werden. Weitergehend ist zu fragen, was die Rechtfertigung für eine derartige Rangfolge in der Befriedigung ist. Auch die Verbindlichkeit für eine Instandhaltungsmaßnahme kam der Eigentumsanlage zugute. Was, so ist weiter zu fragen, rechtfertigt es, eine Nachschusspflicht, die durch diese Maßnahme ausgelöst wurde, nunmehr zunächst zur Begleichung des Verwalterbetrags einzusetzen. Eher überzeugend dürfte genau der umgekehrte Gedanke sein, dass eine solche Beschränkung bei einer Umlage für eine große Maßnahme eben auch nur für den beteiligten Gläubiger dieser Maßnahme wirken darf.

Danach wären also gerade nur diese Inhaber eines titulierten Anspruchs befugt, in den Anspruch des Verbandes zu vollstrecken. Dies wird ebenfalls vorgeschlagen, indem man die Kosten- und Lastenbeiträge als zweckgebundene Leistung i. S. des § 851 Abs. 1 ZPO behandelt.[83] Mit einer solchen Regelung ließe sich jedenfalls die Zweckbindung wahren; eine Begrenzung i. S. des § 10 Abs. 8 Satz 4 WEG wäre auf diesem Wege aber nicht zu erreichen. Gleichwohl sind auch diesem Weg bedenken entgegen zu bringen, führt das letztlich doch dazu, eine bestehende Bindung im Innenverhältnis in das Außenverhältnis zu tragen. Die damit verbundene Rechtsunsicherheit ist offensichtlich.

V. Verband im Prozess

Vor einer zusammenfassenden Würdigung sei noch ein Blick auf die prozessuale Behandlung des Verbandes im Prozess geworfen. Der Verband ist entsprechend seiner Rechtsfähigkeit parteifähig und prozessfähig. Er kann seine Rechte, die zum Verwaltungsvermögen gehören – seien sie vertraglicher oder gesetzlicher Natur – selber geltend machen. Binnen-

83 § 851 Abs. 2 ZPO stünde dem nicht entgegen, da diese Bestimmung nur für vereinbarte Abtretungsverbote nicht aber für die Zweckbindung von Leistungen gelte.

streitigkeiten führt der Verband ebenfalls eigenständig durch seinen Verwalter. Er tritt als Verband mit der Bezeichnung des § 10 Abs. 6 Satz 4 WEG auf (Wohnungseigentümergemeinschaft und Bezeichnung des gemeinschaftlichen Grundstücks). Das gilt etwa für die Hausgeldforderungen gegen die Wohnungseigentümer. Sie sind von dem Verband notfalls klageweise durchzusetzen. Wie im materiellen Recht sind auch hier die Ansprüche des Verbandes von jenen der Wohnungseigentümer abzugrenzen. Letztere nimmt der Verwalter – jedenfalls soweit es geborene Zuständigkeiten betrifft – für diese wahr und klagt sie demzufolge als gesetzlicher Prozessstandschafter im eigenen Namen ein. Streitig ist, ob gleiches für die gekorenen Zuständigkeiten zutrifft, oder ob es sich insoweit um eine gewillkürte Prozessstandschaft handelt. Die praktische Bedeutung dieser Frage liegt in den weiteren Voraussetzungen für eine solche Prozessstandschaft. Gewillkürte Prozessstandschafter bedürfen eines über das Provisionsinteresse hinausgehenden eigenen Interesses. Das wird man für den Verband der Wohnungseigentümer grundsätzlich befürworten müssen, so dass die Frage eher theoretischer Bedeutung ist und deshalb hier nicht vertieft werden soll. Eine gewillkürte Prozessstandschaft für einzelne Wohnungseigentümer ist ausgeschlossen, da dies die gesetzlich vorgesehenen Aufgaben des Verwalters überschreitet.

Für die Vertretung des Verbandes gilt der Grundsatz, dass der Verband auch im Prozess durch den Verwalter vertreten wird (§ 27 Abs. 3 Satz 2 Nrn. 2 und 7 WEG). Fehlt es an einem solchen, so wird der Verband von allem Wohnungseigentümern vertreten. Gleiches gilt etwa in Fällen, in denen eine Interessenkollision besteht, z. B. wenn der Verband aus dem Verwaltervertrag klagt oder hieraus vom Verwalter verklagt wird. Ein in dem Verfahren ergehendes Urteil bindet nach allgemeinen Grundsätzen nur die Parteien und wirkt nicht etwa ggü. den Wohnungseigentümern, da es an einer gesetzlichen Regelung zur Rechtskrafterstreckung fehlt.

VI. Zusammenfassende Würdigung

Eine zusammenfassende Würdigung fällt schwer. Natürlich wurde mit dem Institut des Verbandes die Lösung zahlreicher Probleme erleichtert. Das gilt in den bereits eingangs angesprochenen Fällen der Verträge mit der Gemeinschaft, die unabhängig von dem konkreten Mitgliederbestand der Gemeinschaft geschlossen wurden. Dieser sicher große Vorteil wurde aber mit neuen Schwierigkeiten erlangt. So sind die Zuständigkeitsbereiche von Verband und Gemeinschaft nur schwer voneinander abzugrenzen.

Hier ist auch das Gesetz undeutlich. Das gilt beispielsweise für die Bestimmung des § 10 Abs. 6 Satz 3 WEG. Ein weiterer Bereich betrifft das neu geschaffene Verhältnis von Verband zu Wohnungseigentümer und der Haftung im Außen- wie Innenverhältnis.[84] Hier ist das Zusammenspiel von Außen- und Innenhaftung für einen juristischen Laien kaum zu durchschauen. Es kommt hinzu, dass mit der Begrenzung der Außenhaftung und ihrer Übertragung auf das Innenverhältnis Erwartungen geweckt werden, die aufgrund der unbegrenzten Nachschusspflicht letztlich nicht erfüllt werden können. Aus meiner Sicht wäre es eine gänzlich falsche Schlussfolgerung das Wohnungseigentum zunehmend mit gesellschaftsrechtlichen Zügen zu versehen[85] und dabei die dingliche Stellung des Wohnungseigentümers zu schwächen.

---

84 *Lehmann-Richter,* ZWE 2012, 464, 465 spricht hier von „Orientierungslosigkeit".

85 S. aber de lege ferenda *Bonifacio,* ZWE 2011, 105.

Öffnungs- und Mehrheitsklauseln im Wohnungseigentums- und Gesellschaftsrecht

*Jan Lieder**

Die Frage nach den Anforderungen an eine wirksame Beschlussfassung aufgrund von Öffnungs- und Mehrheitsklauseln beschäftigt das Wohnungseigentums- und das Gesellschaftsrecht seit langem. Die Debatten sind in beiden Rechtsgebieten bisher weitgehend autonom geführt worden. Inhaltlich weisen sie indes maßgebliche Parallelen auf, und auch die Grundsatzfrage ist die gleiche. Im Allgemeinen geht es um die Reichweite und Schranken der Gestaltungsfreiheit im Wohnungseigentums- und Gesellschaftsrecht, im Besonderen um einen angemessenen Ausgleich des Mehrheitsinteresses an einem handlungsfähigen Personenverband mit dem Interesse der Minderheit an einem effektiven Schutz der mitgliedschaftlichen Individualposition. Der vorliegende Beitrag sucht das Spannungsverhältnis unter Verzicht auf die hergebrachten Prinzipien des Bestimmtheitsgrundsatzes und der Kernbereichslehre auf Grundlage eines einheitlichen Konzepts anhand einer stärker einzelfallgeleiteten materiellen Beschlusskontrolle aufzulösen.

I. Zwei Rechtsgebiete – eine Grundsatzfrage

In kurzer Folge hat der BGH im Herbst 2014 zwei Grundsatzentscheidungen gefällt, die sich mit Öffnungs- und Mehrheitsklauseln beschäftigten, und zwar zunächst der V. Zivilsenat mit BGHZ 202, 346[1] (»Gartenfron«)[2] aus der Perspektive des Wohnungseigentumsrechts und wenig später der

* Prof. Dr. Jan Lieder, LL.M. (Harvard) ist Ordinarius an der Albert-Ludwigs-Universität Freiburg i. Br., Direktor der Abteilung Wirtschaftsrecht des Instituts für Wirtschaftsrecht, Arbeits- und Sozialrecht sowie Richter am OLG Schleswig.
Dieser Betrag ist bereits in notar 2016, 283-299 erschienen.

1 BGH, Beschl. v. 19.10.2014 – V ZR 315/13, NJW 2015, 549.

2 Vgl. *Bruns*, NZM 2015, 191,192, der vom „Gartenfron"-Fall des BGH spricht.

II. Zivilsenat mit BGHZ 203, 77[3] aus der Perspektive des (Personen-) Gesellschaftsrechts. Die Judikate bilden jeweils den (vorläufigen) Schlusspunkt zweier seit Jahrzehnten andauernder Grundsatzdiskussionen im Wohnungseigentums- und Gesellschaftsrecht. Im Kern geht es um die Frage, welche Anforderungen an eine wirksame Beschlussfassung aufgrund einer zwischen den Mitgliedern vereinbarten Mehrheitsklausel zu stellen sind. Diese Fragestellung ist wiederum eingebettet in das übergeordnete Makrothema[4] dieses Beitrags: die Reichweite und Schranken der Gestaltungsfreiheit im Wohnungseigentums-[5] und Gesellschaftsrecht[6].

Eine vergleichende Erörterung der Problemkreise macht Sinn, weil beide Rechtsgebiete gleichermaßen durch besonders eng geknüpfte, zwischen den Wohnungseigentümern bzw. Gesellschaftern bestehende Bande geprägt sind. Das US-amerikanische Schrifttum spricht bei solchen personalistischen, auf unbestimmte Dauer angelegten Verbindungen von *thick relationships.*[7] Sie zeichnen sich im Vergleich zu reinen Austauschverträgen durch eine besondere Interessenlage der Beteiligten aus. Während der andauernden Rechtsbeziehung muss das Spannungsverhältnis zwischen der Gewährleistung der Funktionsfähigkeit der Personenverbände sowie der Handlungsfähigkeit der Mitgliedermehrheit auf der einen Seite und dem besonderen Interesse an einem effektiven Individual- und Minderheitsschutz der Wohnungseigentümer und Gesellschafter auf der anderen Seite

---

3 BGH, Beschl. v. 21.10.2014 – II ZR 84/13, NJW 2015, 859.

4 Vgl. (für das Gesellschaftsrecht) *Fleischer/Harzmeier* NZG 2015, 1289: „Wo die Grenzen dieser Gestaltungsfreiheit verlaufen, ist ein gesellschaftsrechtliches Ewigkeitsthema, das jede Juristengeneration aufs Neue beschäftigt".

5 *Bińkowski*, Reichweite und Grenzen der Privatautonomie im Wohnungseigentumsrecht, 2011.

6 *A. Teichmann*, Gestaltungsfreiheit in Gesellschaftsverträge, 1970; *Westermann*, Vertragsfreiheit und Typengesetzlichkeit im Recht der Personengesellschaft, 1970; *Lutter/Wiedemann*, Gestaltungsfreiheit im Gesellschaftsrecht, 1998; *Hey*, Freie Gestaltung von Gesellschaftsverträgen und ihre Schranken, 2004; *Schmolke*, Grenzen der Selbstbindung im Privatrecht, 2014, S. 523 ff.; *Kuntz*, Gestaltung von Kapitalgesellschaften zwischen Freiheit und Zwang, 2016; zum schweizerischen Recht *Häusermann*, Gestaltungsfreiheit im Recht der Publikumsgesellschaft, 2015.

7 Grundlegend *Eisenberg*, Stan. L. Rev. 47 (1995), 211 (251 ff.); aus der deutschen Literatur vgl. *Dauner-Lieb*, AcP 201 (2001), 295 (319 ff.); *Dauner-Lieb*, AcP 210 (2010), 580 (584 f., 590 f.); *Schmolke*, Grenzen der Selbstbindung im Privatrecht, 2014, S. 524.

stets aufs Neue zu einem angemessenen Ausgleich gebracht werden.[8] Die rechtliche Behandlung von Mehrheitsklauseln bildet vor diesem Hintergrund einen *borderline case*,[9] an dessen Beispiel die Schranken der Gestaltungsfreiheit im Wohnungseigentums- und Gesellschaftsrecht zu prüfen sind.

1. Wohnungseigentumsrecht

a) Gemeinschaftsordnung

Die Wohnungseigentümer können durch privatautonome Vereinbarungen gem. § 10 Abs. 2 S. 2 WEG das Verhältnis untereinander abweichend von den §§ 10 ff. WEG nach ihren eigenen Vorstellungen gestalten, soweit keine zwingenden Regelungen entgegenstehen. Der Inbegriff dieser Vereinbarungen wird als Gemeinschaftsordnung bezeichnet.[10]

Nach der gesetzlichen Wertung genießt die Gestaltungsfreiheit der Wohnungseigentümer den grundsätzlichen Vorrang gegenüber den gesetzlichen Vorschriften.[11] Allerdings ergeben sich aus dem WEG (vgl. nur §§ 11 Abs. 1 S. 2, Abs. 3, 12 Abs. 2 S. 1, Abs. 4 S. 2, 16 Abs. 5, 18 Abs. 4 WEG) und den allgemeinen bürgerlichrechtlichen Grundsätzen (§§ 134, 138, 242 BGB)[12] Schranken der privatautonomen Gestaltungsmacht. Eine weitere Grenze leitet der V. Zivilsenat des BGH in ständiger Rechtsprechung aus dem unantastbaren Kernbereich des Wohnungseigentums ab.[13] Vereinbarungen sind danach gem. § 134 BGB nichtig, wenn sie die

---

8 Vgl. auch *Schmolke*, Grenzen der Selbstbindung im Privatrecht, 2014, S. 524.

9 Zur Bedeutung solcher Testfälle vgl. *Fleischer/Harzmeier*, NZG 2015, 1289 m.N.

10 Zum Begriff vgl. nur *Hügel/Elzer*, WEG, 2015, § 10 Rn 81; *Jacoby*, ZWE 2013, 61; extensiveres Verständnis bei *Bińkowski*, Reichweite und Grenzen der Privatautonomie im Wohnungseigentumsrecht, 2011, S. 38 ff.

11 *Hügel/Elzer*, WEG, 2015, § 10 Rn 107; *Hügel*, FS Wenzel, 2005, S. 219; *Prüfer*, ZWE 2001, 398.

12 BGH, Beschl. v. 11.11.1986 – V ZB 1/86, BGHZ 99, 90 (93 f.), NJW 1987, 650; 2011, 679 Rn 7; BayObLG, Beschl. v. 11.4.1991 – BReg. 2 Z 28/91, NJW-RR 1992, 83 (84); OLG Frankfurt, Beschl. v. 28.1.2004 – 20 W 124/03, NJW-RR 2004, 662 (663).

13 BGH, Beschl. v. 20.9.2000 – V ZB 58/99, BGHZ 145, 158 (165 f.); BGH, Urt. v. 14.10.2011 - V ZR 56/11, BGHZ 191, 198 Rn 10 = NJW 2012, 72; BGH, Urt. v.

persönliche Rechtsstellung des Wohnungseigentümers vollständig entwerten, was namentlich für den allgemeinen Ausschluss des Stimmrechts[14] und für den (auch nur vorübergehenden) Ausschluss von der Teilnahme an Wohnungseigentümerversammlungen[15] der Fall sein soll.[16] Teile des Schrifttums betrachten weiterhin das Anfechtungsrecht für fehlerhafte Beschlüsse[17] sowie die actio pro societate als unverzichtbare Wohnungseigentümerrechte.[18] Andere Literaturstimmen lehnen hingegen entweder das gesamte Konzept der Kernbereichslehre[19] oder zumindest einzelne Ausformungen[20] ab, entwickeln zum Teil aber im Wege der Gesetzesauslegung oder aus den Wertungen der Rechtsvorschriften zwingende Schranken, die ähnlich hohe Hürden aufstellen wie die Rechtsprechung.[21]

10.12.2010 – V ZR 60/10, NJW 2011, 679 Rn 8; BGH, Urt. v. 6.12.2013 – V ZR 85/13, NZG 2014, 417 Rn 10.

14 BGH, Beschl. v. 11.11.1986 – V ZB 1/86, BGHZ 99, 90 (94); BGH, Urt. v. 14.10.2011 – V ZR 56/11, BGHZ 191, 198 Rn 10 = NJW 2012, 72; BGH, Urt. v. 10.12.2010 – V ZR 60/10, NJW 2011, 679 Rn 8; BGH, Urt. v. 6.12.2013 – V ZR 85/13, NZG 2014, 417 Rn 10.

15 BGH, Beschl. v. 10.12.2010 – V ZR 60/10, NJW 2011, 679 Rn 8; LG Nürnberg-Fürth, Beschl. v. 10.12.2010 – V ZR 60/10, ZMR 2010, 719, 720.

16 Vgl. weiter OLG Frankfurt a.M., Beschl. v. 3.11.2014 – 20 W 241/14, NJW-RR 2015, 783 (784): Delegation der Entscheidungsmacht von den Wohnungseigentümern auf den Verwalter; OLG Frankfurt, Beschl. v. 4.12.2000 – 20 W 414/99, NZM 2001, 1136 (1137): Untersagung des Lufttrocknens von Wäsche; OLG Düsseldorf, Beschl. v. 10.1.2001 – 3 Wx 419/00, NZM 2001, 238: Mieteinzug durch WEG-Verwalter unter Einbehalt eines Teils des Mietertrags zugunsten der Gemeinschaft; OLG Köln, Beschl. v. 5.12.2000 – 16 Wx 121/00, ZMR 2001, 568: Änderung der Balkonoberbeläge; BayObLG, Beschl. v. 25.10.2001 – 2Z BR 81/01, NJW 2002, 306 (307 ff.): Hundehaltung.

17 Bärmann/*Suilmann*, WEG, 13. Auflage 2015, § 10 Rn 36; BeckOGK/Falkner, WEG, Stand: 1.12.2015, § 10 Rn 250.

18 Zum Ganzen *Buck*, Mehrheitsentscheidungen mit Vereinbarungsinhalt im Wohnungseigentumsrecht, 2001, S. 75 ff.

19 Dezidiert BeckOK/*Dötsch*, WEG, Stand: 1.2.2016, § 10 Rn 202; BeckOGK/*Falkner*, WEG, Stand: 1.12.2015, § 10 Rn 12; *Hügel/Elzer*, WEG, 2015, § 10 Rn 118.

20 So etwa *Priester*, GmbHR 2013, 225 (229) für den Ausschluss des Teilnahmerechts.

21 So zB BeckOGK/*Falkner*, WEG, Stand: 1.12.2015, § 10 Rn 247 für Stimm- und Teilnahmerecht aus dem (Mit-)Verwaltungsrecht nach § 20 Abs. 1 WEG als elementare Mitgliedschaftsrechte unter Hinweis auf die einschlägige BGH-Rechtsprechung.

b) Öffnungsklauseln

Im Rahmen ihrer Gestaltungsfreiheit können die Wohnungseigentümer weiterhin eine Vereinbarung treffen, wonach von dispositivem Gesetzesrecht und der Gemeinschaftsordnung durch einfachen oder qualifizierten Mehrheitsbeschluss der Wohnungseigentümer abgewichen werden kann. Solche Öffnungsklauseln sind in rechtsdogmatischer Hinsicht als Vereinbarung iSd. § 10 Abs. 2 S. 2 WEG zu qualifizieren.[22] Sie bilden die Legitimationsgrundlage für einen gesetzes- bzw. vereinbarungsändernden Mehrheitsbeschluss. Fehlt es hingegen an einer solchen Öffnungsklausel, ermangelt es der Wohnungseigentümerversammlung an der erforderlichen Beschlusskompetenz; dennoch gefasste Beschlüsse sind nicht nur anfechtbar, sondern nichtig.[23]

aa) Entwicklung der Rechtsprechung

Die frühere Rechtsprechung verfuhr mit Öffnungsklauseln sehr restriktiv. Mehrheitsbeschlüsse der Wohnungseigentümerversammlung konnten nur wirksam gefasst werden, wenn für die beabsichtigte Neuregelung ein sachlicher Grund vorlag und der einzelne Wohnungseigentümer hierdurch nicht unbillig belastet wurde.[24] Mit Blick auf das Primat der Privatautonomie im Wohnungseigentumsrecht und die Gestaltungsfreiheit der Wohnungseigentümer ist der V. Zivilsenat in der Folgezeit indes von dem Erfordernis einer sachlichen Rechtfertigung abgerückt und verlangt heute nur noch, dass der auf Basis der Öffnungsklausel gefasste Beschluss (1.) der ordnungsgemäßen Verwaltung entspricht und (2.) »sowohl das ‚Ob‘ als auch das ‚Wie‘ der Änderung nicht willkürlich« erscheinen.[25] Der aus dem Selbstorganisationsrecht der Wohnungseigentümer folgende Gestal-

---

22 Zum Ganzen ausf. *Hügel/Elzer*, WEG, 2015, § 10 Rn 143 ff.; BeckOGK/*Falkner*, WEG, Stand: 1.12.2015, § 10 Rn 157 ff.

23 BGH, Beschl. v. 22.1.2004 – V ZB 51/03, BGHZ 157, 322 (333).

24 BGH, Beschl. v. 27.6.1985 – VII ZB 21/84, BGHZ 95, 137 (143).

25 Für gesetzliche Öffnungsklauseln: BGH, Urt. v. 1.4.2011 – V ZR 162/10, NJW 2011, 2202 Rn 8; BGH, Urt. v. 10.6.2011 – V ZR 2/10, NJW-RR 2011, 1165 Rn 11; für eine Übertragung auf gewillkürte Öffnungsklauseln BeckOK/*Dötsch*, WEG, Stand: 1.2.2016, § 10 Rn 275; *Armbrüster*, ZWE 2013, 242(244); *Jacoby*, ZWE 2013, 61 (64); *Müller*, ZWE 2015, 303 (305).

tungsspielraum findet im Rahmen der Grundsätze einer ordnungsgemäßen Verwaltung daher erst am allgemeinen Willkürverbot eine Grenze.[26]

bb) Bestimmtheitsgrundsatz

Im Gegensatz zum Gesellschaftsrecht[27] spielten besondere Bestimmtheitsanforderungen in der Rechtsprechung des V. Zivilsenats bisher kaum eine Rolle. Lediglich in der »Jahrhundertentscheidung«[28] BGHZ 145, 158 nimmt das Gericht auf den gesellschaftsrechtlichen Bestimmtheitsgrundsatz Bezug, um das Erfordernis einer eindeutigen Ermächtigung zu begründen und die Begründung eines Sondernutzungsrechts mittels sog. »Zitterbeschlusses«, d.h. durch einen bestandskräftigen Mehrheitsbeschluss der Wohnungseigentümerversammlung, unter zumindest partieller Abkehr von seiner vorausgegangenen Rechtsprechung[29] für nichtig zu erklären. In diesem Zusammenhang ging es dem Senat freilich nur darum zu begründen, dass eine Beschlussfassung in Vereinbarungsangelegen-heiten überhaupt einer Legitimationsgrundlage in Form einer Öffnungsklausel bedarf.[30] Konkrete Anforderungen an die inhaltliche Beschaffenheit der Mehrheitsklausel stellte der V. Zivilsenat hingegen nicht auf.

Die hM sieht vor diesem Hintergrund auch umfassende Öffnungsklauseln als hinreichend bestimmt an, da in diesem Fall ersichtlich sämtliche Angelegenheiten erfasst seien.[31] Die Gegenauffassung moniert hingegen, allgemeine Öffnungsklauseln seien mit Blick auf die von der Rechtsprechung entwickelten, materiellrechtlichen Voraussetzungen in Wahrheit intransparent, weil sie eine »zu weitgehende Beschlussmacht« vor-

---

26 Ebenso BGH, Beschl. v. 10.10.2014 – V ZR 315/13, BGHZ 202, 346 Rn 14; BGH, Beschl. v. 10.7.2015 – V ZR 198/14, DNotZ 2015, 922 Rn 13.

27 Dazu sogleich unten I 2 b aa.

28 So bezeichnet von *Armbrüster*, FS Wenzel, 2005, S. 85 (87).

29 BGH, Beschl. v. 20.9.2000 – V ZB 58/99, BGHZ 145, 158 (164) verweist namentlich auf BGH, Beschl. v. 21.5.1970 – VII 3/70, BGHZ 54, 65 (68), aber auch auf BGH, Beschl. v. 11.7.1991 – V ZB 24/90, BGHZ 115, 151 (153); BGH, Beschl. v. 16.9.1994 – V ZB 2/93, BGHZ 127, 99, (103); BGH, Beschl. v. 4.5.1995 – V ZB 5/95, BGHZ 129, 329 (332).

30 BGH, Beschl. v. 20.9.2000 – V ZB 58/99, BGHZ 145, 158 (164).

31 OLG Frankfurt a. M., Beschl. v. 2.3.1998 – 20 W 54/98, NJW-RR 1998, 1707(1708); BeckOK/*Dötsch*, WEG, Stand: 1.2.2016, § 10 Rn 245; *Armbrüster*, ZWE 2013, 242.

spiegelten. Deshalb seien die einzelnen Beschlussgegenstände enumerativ in die Mehrheitsklausel aufzunehmen.[32]

Auch in seiner jüngsten Grundsatzentscheidung BGHZ 202, 346 zeigt sich der V. Zivilsenat von den Forderungen des Schrifttums sichtlich unbeeindruckt, wenn er als taugliche Legitimationsgrundlage für eine Mehrheitsentscheidung – gleichsam auf erster Stufe – eine Öffnungsklausel als wirksam (und damit hinreichend bestimmt) ansieht, nach der §§ 3-20 der betreffenden Teilungserklärung durch Beschluss mit 2/3-Mehrheit geändert werden können.[33] In dem entschiedenen Fall beruhte die mit der formellen Legitimation verbundene Kompetenzverteilung auf einer Öffnungsklausel, also auf einer Vereinbarung iSd. § 10 Abs. 2 S. 2 WEG. Darüber hinaus kann sich die Zuständigkeit der Wohnungseigentümermehrheit auch aus dem Gesetz ergeben.[34]

cc) Kernbereichslehre

Die inhaltliche Prüfung des auf Grundlage einer Öffnungsklausel ergangenen Mehrheitsbeschlusses erfolgt demnach nicht am Maßstab des Bestimmtheitsgrundsatzes, sondern – gleichsam auf zweiter Stufe – im Rahmen einer materiellen Beschlusskontrolle. In Übereinstimmung mit weiten Teilen des Schrifttums[35] beschränkt der V. Zivilsenat die Funktion der Öffnungsklausel darauf, »zukünftige Mehrheitsentscheidungen formell zu legitimieren, ohne sie materiell zu rechtfertigen«.[36] Zum Schutz berechtigter Minderheitsinteressen seien der Mehrheit inhaltliche Grenzen gezogen. Zu beachten seien – in Übereinstimmung mit der Inhaltskontrolle von Vereinbarungen iSd. § 10 Abs. 2 S. 2 WEG – sowohl die allgemeinen Schranken des Bürgerlichen Rechts (§§ 134, 138, 242 BGB) als auch die »zum Kernbereich des Wohnungseigentumsrechts zählenden Vorschriften,

32 BeckOGK/*Falkner*, WEG, Stand: 1.12.2015, § 10 Rn 175 ff., 178.

33 BGH, Beschl. v. 10.10.2014 – V ZR 315/13, BGHZ 202, 346 Rn 2, 12.

34 BGH, Beschl. v. 20.9.2000 – V ZB 58/99, BGHZ 145, 158 (166); BGH, Beschl. v. 10.10.2014 – V ZR 315/13, BGHZ 202, 346 Rn 12; BGH, Beschl. v. 9.3.2012 – V ZR 161/11, NJW 2012, 1724 Rn 11.

35 Bärmann/*Suilmann*, WEG, 13. Auflage 2015, § 10 Rn 147; *Wenzel,* ZNotP 2004, 170 (171); *Becker*, ZWE 2002, 341343; *Hagen*, FS Wenzel, 2005, 201 (217).

36 BGH, Beschl. v. 10.10.2014 – V ZR 315/13, BGHZ 202, 346 Rn 14.

wozu unter anderem unentziehbare und unverzichtbare Individualrechte gehören«.[37]

Bemerkenswert ist die Evolution der Sentenz »Kernbereich des Wohnungseigentumsrechts«, die der V. Zivilsenat seit Mitte der 1990er Jahre verwendet, damals noch mit dem vorangestellten Adjektiv »dinglich«.[38] Damals statuierte der Kernbereich eine Grenze für die weiland im Grundsatz noch als wirksam behandelten »Zitterbeschlüsse«. Aber auch nach Aufgabe dieser Rechtsprechung wirkte die »Kernbereichstheorie« fort.[39] In BGHZ 145, 158 gab der Senat die moderne Marschroute vor. Danach betrifft die Kernbereichslehre die »materiell-rechtliche Frage, inwieweit das Wohnungseigentum mehrheitsfest ist«.[40] Im Übrigen ist sie streng von der formellen Legitimation des Mehrheitsbeschlusses zu unterscheiden. Die moderne Zwei-Stufen-Lehre des Wohnungseigentumsrechts war geboren.

Beim genauen Hinschauen zeigt sich, dass die Rechtsprechung innerhalb der Anwendung der Kernbereichslehre weiter differenziert:[41] Unterschieden werden namentlich unverzichtbare (Individual-)Rechte, die dem einzelnen Wohnungseigentümer auch mit seiner konkreten Zustimmung nicht entzogen werden können, und mehrheitsfeste (Individual-)Rechte, die zwar – selbst aufgrund einer Öffnungsklausel – nicht durch Mehrheitsbeschluss entzogen werden können, wohl aber mit der konkreten Zustimmung des betroffenen Wohnungseigentümers. Auf Rechtsfolgenseite unterscheiden sich die beiden Kategorien dahingehend, dass ein Eingriff in unverzichtbare Rechte die Nichtigkeit des gleichwohl gefassten Beschlusses nach sich zieht, während der Eingriff in ein mehrheitsfestes Recht zur schwebenden Unwirksamkeit führt, die mit einer Verweigerung der Zustimmung endgültige Wirkung erlangt.

Als Beispiele für unverzichtbare Rechte sind auch hier die bereits im Rahmen der Inhaltskontrolle von Vereinbarungen nach § 10 Abs. 2 S. 2 WEG erwähnten Ausschlüsse des Stimmrechts in der und des Teilnahme-

---

37 BGH, Beschl. v. 10.10.2014 – V ZR 315/13, BGHZ 202, 346 Rn 15.

38 BGH, Beschl. v. 16.9.1994 – V ZB 2/93, BGHZ 127, 99 (105); BGH, Beschl. v. 4.5.1995 – V ZB 5/95, BGHZ 129, 329 (333).

39 Selbst die Grundsatzentscheidung BGH, Beschl. v. 20.9.2000 – V ZB 58/99, BGHZ 145, 158 (165 f.) verweist auf die vorausgegangenen Entscheidungen.

40 BGH, Beschl. v. 20.9.2000 – V ZB 58/99, BGHZ 145, 158 (166).

41 Zum Folgenden BGH, Beschl. v. 10.10.2014 – V ZR 315/13, BGHZ 202, 346 Rn 15.

rechts an der Wohnungseigentümerversammlung zu erwähnen.[42] Zu den mehrheitsfesten Rechten zählt nach Ansicht der Rechtsprechung das – positivrechtlich in § 707 BGB, § 53 Abs. 3 GmbHG, §§ 179 Abs. 3, 180 Abs. 1 AktG näher ausgeformte – Belastungsverbot, wonach dem Wohnungseigentümer gegen oder auch nur ohne seinen Willen keine neuen Leistungspflichten aufgebürdet werden dürfen.[43]

Teile des Schrifttums bekämpften die Geltung der Kernbereichslehre auch und gerade im Kontext der Öffnungsklauseln, obgleich nicht mit der gleichen Verve wie im Zusammenhang mit Vereinbarungen nach § 10 Abs. 2 S. 2 WEG.[44] Als Alternative werden eine ganze Reihe unterschiedlicher Lösungen vorgeschlagen. Sie reichen von einer substanziellen Bestimmtheitskontrolle auf erster Stufe[45] über eine Prüfung anhand der allgemeinen bürgerlichrechtlichen Grundsätzen (§§ 138, 242 BGB)[46] bis hin zu einem vollständigen Verzicht auf die Kernbereichslehre[47].

2. Gesellschaftsrecht

a) Gesellschaftsvertrag

Das Primat der Gestaltungsfreiheit beherrscht ausweislich von § 109 HGB und § 45 Abs. 2 GmbHG im Grundsatz auch das Binnenrecht der Personengesellschaften und der GmbH.[48] Danach bestimmen sich die Rechtsverhältnisse unter den Gesellschaftern primär nach den Regelungen des Gesellschaftsvertrags. Nur in Ermangelung gesellschaftsvertraglicher

42 Dazu oben I 1 a.

43 BGH, Beschl. v. 10.10.2014 – V ZR 315/13, BGHZ 202, 346 Rn 16.

44 *Hügel/Elzer*, WEG, 2015, § 10 Rn 151 aE; zustimmend hingegen etwa *Armbrüster*, ZWE 2013, 242(243); *Briesemeister*, ZWE 2015, 116 f.; *Bruns*, NZM 2015, 191 (193 f.); *Schmid*, NJW 2011, 1841 ff.; *Bińkowski*, Reichweite und Grenzen der Privatautonomie im Wohnungseigentumsrecht, 2011, S. 152 f.

45 Siehe oben I 1 b bb.

46 *Bińkowski*, Reichweite und Grenzen der Privatautonomie im Wohnungseigentumsrecht, 2011, S. 152 f.

47 So etwa *Hügel/Elzer*, WEG, 2015, § 10 Rn 151 aE.

48 Vgl. nur *Fleischer/Harzmeier* NZG 2015, 1289; *Teichmann*, RNotZ 2013, 346 (347); *Schmolke*, Grenzen der Selbstbindung im Privatrecht, 2014, S. 527.

Bestimmungen kommt das dispositive Gesetzesrecht (vgl. §§ 110 ff. HGB, §§ 46 ff. GmbHG) zur Anwendung.

Schranken für die gesellschaftsvertragliche Gestaltungsfreiheit ziehen einmal mehr die allgemeinen Vorschriften des Bürgerlichen Rechts, namentlich §§ 134, 138 BGB,[49] speziell für Publikumsgesellschaften außerdem § 242 BGB,[50] sowie einzelne zwingende Regelungen des Gesellschaftsrechts (vgl. §§ 716 Abs. 2, 717 S. 1, 723 Abs. 3 BGB, §§ 118 Abs. 2, 133 Abs. 3 HGB, §§ 51a Abs. 3, 53 Abs. 3 GmbHG).

Darüber hinaus betrachtet die hM im Schrifttum den Kernbereichsschutz als weitere Schranke der Privatautonomie im Gesellschaftsrecht.[51] Die einschlägigen Stellungnahmen beziehen sich aber vielfach[52] ausschließlich auf die Inhaltskontrolle von Gesellschafterbeschlüssen aufgrund gesellschaftsvertraglicher Mehrheitsklauseln, nicht aber – zumindest nicht ausdrücklich – auf die privatautonomen Vereinbarungen im Gesellschaftsvertrag selbst. Auch in der höchstrichterlichen Recht-sprechung ist der Begriff des Kernbereichs vor allem im Zusammenhang mit Mehrheitsbeschlüssen gebräuchlich.[53] Erst seit kurzem spricht der II. Zivilsenat des BGH vereinzelt vom »unverzichtbaren Kernbereich der Gesellschaf-

---

49 MünchKomm/*Enzinger,* HGB, 3. Auflage 2011, § 109 Rn 8; Oetker/*Weitemeyer*, HGB, 4. Auflage 2015, § 109 Rn 8; zur KG MünchKomm/*Grunewald*, HGB, 3. Auflage 2012, § 161 Rn 124; Staub/*Casper*, HGB, 5. Auflage 2015, § 161 Rn 33; *Bayer/Lieder*, Handels- und Gesellschaftsrecht, 2015, Rn 442.

50 Speziell dazu BGH, Beschl. v. 14.4.1975 – II ZR 147/73, BGHZ 64, 238 (241); BGH, Beschl. v. 3.5.1982 – II ZR 78/81, BGHZ 84, 11 (14); BGH, Beschl. v. 9,11.1987 – II ZR 100/87, BGHZ 102, 172; BGH, Beschl. v. 21.3.1988 – II ZR 135/87, BGHZ 104, 50; vgl. weiter Baumbach/Hopt/*Hopt*, HGB, 36. Auflage 2014, Anh § 177a Rn 68; *Grunewald*, Gesellschaftsrecht, 9. Auflage 2014, § 1 Rn 36.

51 Vgl. nur Ebenroth/Boujong/Joost/Strohn/*Born*, HGB, 3. Auflage 2014, § 109 Rn 17; MünchKomm/*Enzinger*, HGB, 3. Auflage 2011, § 109 Rn 23; Staub/*Schäfer*, HGB, 5. Auflage 2009, § 109 Rn 35; Oetker/*Weitemeyer*, HGB, 4. Auflage 2015, § 109 Rn 19; zur GbR MünchKomm/*Ulmer/Schäfer*, 6. Auflage 2013, § 705 Rn 134; Staudinger/*Habermeier*, 2003, § 705 Rn 14; Soergel/*Hadding/Kießling*, 13. Auflage 2012, § 705 Rn 33.

52 So etwa Ebenroth/Boujong/Joost/Strohn/*Born*, HGB, 3. Auflage 2014, § 109 Rn 17; Staub/*Schäfer*, HGB, 5. Auflage 2009, § 109 Rn 35; erweiternd – auch für Vereinbarungen im Gesellschaftsvertrag – hingegen MünchKomm/*Enzinger*, HGB, 3. Auflage 2011, § 109 Rn 23; Oetker/*Weitemeyer*, HGB, 4. Auflage 2015, § 109 Rn 19.

53 Dazu sogleich unten I 2 b bb.

terrechte in Personengesellschaften«, wozu er in der konkreten Entscheidung das Recht zählte, Auskunft über die Namen und Anschriften der Gesellschafter untereinander zu verlangen.[54] Bemerkenswert ist in diesem Zusammenhang, dass der Senat den Ausschluss des Informationsrechts ein gutes Jahr vorher noch an einer Inhaltskontrolle am Maßstab des § 242 BGB scheitern ließ.[55] Gut zwei Jahre später meinte der Senat, das Auskunftsrecht folge »als unentziehbares mitgliedschaftliches Recht aus dem durch den Gesellschaftsvertrag begründeten Vertragsverhältnis als solchem«.[56]

Darüber hinaus finden sich weitere Judikate, die Vereinbarungen im Gesellschaftsvertrag als Eingriffe in zwingende, unverzichtbare Mitgliedschaftsrechte qualifizieren. So erklärte der II. Zivilsenat des BGH etwa eine Bestimmung für nichtig, die eine Ausschlussfrist von zwei Wochen für die Geltendmachung von Beschlussmängeln vorsah.[57] Eine derart knapp bemessene Frist beeinträchtige »das unverzichtbare und unentziehbare Recht eines Gesellschafters, rechtswidrige Beschlüsse der Gesellschaftsversammlung gerichtlich angreifen zu können«.[58] Darüber hinaus gehört das Austrittsrecht des (GmbH-)Gesellschafters aus wichtigem Grund nach Auffassung des BGH »als Grundprinzip des Verbandsrechts zu den zwingenden, unverzichtbaren Mitgliedschaftsrechten«.[59]

b) Mehrheitsklauseln

Im Personengesellschaftsrecht herrscht das Prinzip der Einstimmigkeit. Sowohl die Änderung des Gesellschaftsvertrags[60] als auch die Beschluss-

---

54 BGH, Beschl. v. 21.3.1988 – II ZR 135/87, NJW 2011, 921 Rn 20.

55 BGH, Beschl. v. 21.9.2009 – II ZR 264/08, NJW 2010, 439 Rn 10.

56 BGH, Beschl. v. 5.2.2013 – II ZR 134/11, BGHZ 196, 131 Rn 12; wortgleich auch BGH, Beschl. v. 16.12.2014 – II ZR 277/13, NZG 2015, 269 Rn 11.

57 BGH, Beschl. v. 13.2.1995 – II ZR 15/94, NJW 1995, 1218.

58 BGH, Beschl. v. 13.2.1995 – II ZR 15/94, NJW 1995, 1218 (1219).

59 BGH, Beschl. v. 16.12.1991 – II ZR 58/91, BGHZ 116, 359 (369); zur Geltung auch für Personengesellschaften vgl. Oetker/*Weitemeyer*, HGB, 4. Auflage 2015, § 109 Rn 19; *K. Schmidt*, Gesellschaftsrecht, 4. Auflage 2002, § 16 III 3a.

60 MünchKomm/*K. Schmidt*, HGB, 3. Auflage 2011, § 105 Rn 158; zur OHG Oetker/*Weitemeyer*, HGB, 4. Auflage 2015, § 105 Rn 70; Staub/*Schäfer*, HGB, 5. Auflage 2009, § 105 Rn 186; Baumbach/Hopt/*Hopt*, HGB, 36. Auflage 2014,

fassung in Gesellschaftsangelegenheiten (vgl. § 119 Abs. 1 HGB)[61] hat im Grundsatz durch sämtliche Gesellschafter zu erfolgen. Um eine Blockadesituation zu vermeiden und der auf Dauer angelegten Personengesellschaft die Handlungs- und Funktionsfähigkeit zu sichern, kann der Gesellschaftsvertrag auch eine Willensbildung aufgrund von Mehrheitsentscheidungen vorsehen. Das gilt sowohl für die laufende Beschlussfassung (vgl. § 119 Abs. 2 HGB)[62] als auch für Vertragsänderungen[63]. Solche Mehrheitsklauseln treten allerdings in ein Spannungsverhältnis zu den berechtigten Individual- und Minderheitsinteressen. Dies wirft die Frage auf, wie die Mehrheitsmacht mit dem Schutzinteresse einzelnen Gesellschafter vor überraschenden und unzumutbaren Beschlüssen zu einem angemessenen Ausgleich gebracht werden kann.

aa) Bestimmtheitsgrundsatz

Um die Minderheit vor unvorhergesehenen Mehrheitsbeschlüssen zu schützen, hat das Reichsgericht ursprünglich den Bestimmtheitsgrundsatz entwickelt;[64] der II. Zivilsenat des BGH[65] ist dieser Rechtsprechung später lange Zeit gefolgt. Danach war für die Schaffung einer wirksamen Legi-

---

§ 105 Rn 60; Ebenroth/Boujong/Joost/Strohn/*Wertenbruch*, HGB, 3. Auflage 2014, § 105 Rn 100.

61 Für die BGB-Gesellschaft MünchKomm/*Schäfer*, BGB, 6. Auflage 2013, § 709 Rn 71, 81; Staudinger/*Habermeier*, 2003, § 709 Rn 16; Bamberger/Roth/*Schöne*, 3. Auflage 2012, § 709 Rn 29; für die KG BGH, Urteil vom 16.10.2012 – II ZR 239/11, NZG 2013, 63 (64); Oetker/*Oetker*, HGB, 4. Auflage 2015, § 164 Rn 4.

62 Für die BGB-Gesellschaft MünchKomm/*Schäfer*, BGB, 6. Auflage 2013, § 709 Rn 82; Staudinger/*Habermeier*, 2003, § 709 Rn 16; Soergel/*Hadding/Kießling*, BGB, § 709 Rn 17.

63 Vgl. MünchKomm/*K. Schmidt*, HGB, 3. Auflage 2011, § 105 Rn 158; Oetker/*Weitemeyer*, HGB, 4. Auflage 2015, § 105 Rn 70; für die KG Oetker/*Oetker*, HGB, 4. Auflage 2015, § 161 Rn 155; Staub/*Casper*, HGB, 5. Auflage 2015, § 161 Rn 38; Baumbach/Hopt/*Roth*, HGB, 36. Auflage 2014, § 161 Rn 7; Ebenroth/Boujong/Joost/Strohn/*Weipert*, HGB 3. Auflage 2014, § 161 Rn 17 und für die GbR MünchKomm/*Ulmer/Schäfer*, BGB, 6. Auflage 2013, § 705 Rn 55; Staudinger/*Habermeier*, 2003, § 705 Rn 16; Soergel/*Hadding/Kießling*, BGB, 13. Auflage 2012, § 705 Rn 16.

64 RGZ 91, 166 (168); 151, 321 (327); 163, 385 (391).

65 BGH, Beschl. v. 12.11.1952 – II ZR 260/51, BGHZ 8, 35 (41 ff.); BGH, Beschl. v. 13.7.1967 – II ZR 72/67, BGHZ 48, 251 (253 ff.); BGH, Beschl. v. 15.6.1987, BB 1976, 948; BGH, Urt. v. 15.6.1987 - II ZR 261/86, NJW 1988, 411 (412).

timationsgrundlage für eine Mehrheitsentscheidung erforderlich, dass die einzelnen Gegenstände einer möglichen Beschlussfassung im Gesellschaftsvertrag zumindest abstrakt bestimmt waren.[66] Die Kautelarpraxis reagierte auf diese Vorgaben durch eine Schaffung umfassender Kataloge von möglichen Beschlussgegenständen.

Daraufhin setzte – unter der Kritik des Schrifttums[67] – in der Rechtsprechung ein Umdenken ein. Zunächst distanzierte sich der BGH zunehmend vom Konzept des Bestimmtheitsgrundsatzes, indem er den Begriff in Anführungszeichen setzte oder vom »so genannten« Bestimmtheitsgrundsatz sprach.[68] Seit BGHZ 170, 283 – der vielbeachteten Otto-Entscheidung – verlangt die Rechtsprechung nicht länger, eine enumerative Aufzählung sämtlicher erfassten Beschlussgegenstände, sondern anerkennt auch eine durch Auslegung gewonnene Ermächtigungsgrundlage für Mehrheitsbeschlüsse.

Mit der Grundsatzentscheidung BGHZ 203, 77 hat der II. Zivilsenat den Grundsatz endgültig aufgegeben. Nach der neuen Rechtsprechungslinie deckt auch eine allgemeine Mehrheitsklausel nicht mehr nur gewöhnliche Geschäfte ab, sondern umfasst gleichermaßen auch außergewöhnliche Beschlussgegenstände und Grundlagengeschäfte.[69] Auf der ersten Stufe der Wirksamkeitsprüfung von Mehrheitsbeschlüssen ist folglich ausschließlich danach zu fragen, ob die Mehrheitsklausel formal den in Rede stehenden Gegenstand des mit – einfacher oder qualifizierter Mehrheit gefassten – Gesellschafterbeschlusses erfasst. Der Abschied vom Bestimmtheitsgrundsatz hat im Schrifttum[70] ganz überwiegende Zustimmung erfahren.

---

66 BGH, Beschl. v. 15.11.1982 – II ZR 62/82, BGHZ 85, 350 (355 f.).

67 Vgl. etwa *Hennerkes/Binz*, BB 1983, 713 ff.; *Hüffer*, ZHR 151 (1987), 396 (407); *Mecke*, ZHR 153 (1989), 35 (43); *K. Schmidt*, ZHR 158 (1994), 205 (218 ff.).

68 Vgl. etwa BGH, Urt. v. 10.10.1994 – II ZR 18/94, NJW 1995, 194; BGH, Urt. v. 29.3.1996 – II ZR 263/94, BGHZ 132, 263 (268).

69 BGH, Beschl. v. 21.10.2014 – II ZR 84/13, BGHZ 203, 77 Rn 9, 13 f.

70 *Goette/Goette*, DStR 2016, 74 ff.; *Heckschen/Bachmann*, NZG 2015, 531 (537); *Priester*, EWiR 2015, 71 f.; *Schäfer*, NZG 2014, 1401 ff.; *Schäfer*, ZIP 2015, 1313; *Seidel/Wolf*, BB 2015, 2563 (2564); *Ulmer*, ZIP 2015, 657 ff.; *Weber*, ZfPW 2015, 123 (124); *Wertenbruch*, DB 2014, 2875 (2876 f.); kritisch aber *Altmeppen*, NJW 2015, 2065 ff.

bb) Kernbereichslehre

Lange Zeit hat der BGH ausdrücklich offengelassen, in welchem Verhältnis der Bestimmtheitsgrundsatz und die Kernbereichslehre stehen.[71] Insgesamt war die bisherige Rechtsprechung aber jedenfalls von dem Gedanken getragen, dass die Kernbereichslehre den einzelnen Gesellschafter vor Eingriffen in unverzichtbare und (relativ) unentziehbare Mitgliedschaftsrechte schützen sollte. In der jüngeren Vergangenheit haben sich allerdings auch in Bezug auf die Kernbereichsrechtsprechung zunehmende Erosionen gezeigt.[72] In der Grundsatzentscheidung vom 21. 10. 2014 stellt der BGH nun klar, dass es im Rahmen der materiellen Beschlusskontrolle auf zweiter Stufe »nicht (mehr) darauf an(komme), ob ein Eingriff in den so genannten ‚Kernbereich' gegeben ist«.[73] Der Kreis der mehrheitsfesten Rechte lasse sich nicht abstrakt umschreiben, sondern nur unter Berücksichtigung der konkreten Struktur der jeweiligen Personengesellschaft und einer etwaigen besonderen Stellung des betroffenen Gesellschafters.[74] Bei dem Eingriff in die individuelle Rechtsstellung des Gesellschafters komme es maßgeblich darauf an, »ob der Eingriff im Interesse der Gesellschaft geboten und dem betroffenen Gesellschafter unter Berücksichtigung seiner eigenen schutzwerten Belange zumutbar ist«.[75] Und schließlich lässt der BGH die Frage ausdrücklich offen, ob und in welchem Umfang »unverzichtbare und schon deshalb unentziehbare« Rechte anzuerkennen seien.[76]

Diese höchstrichterlichen Aussagen haben im Schrifttum eine ganze Reihe von Kontroversen ausgelöst. Zum einen ist lebhaft umstritten, welche Position der BGH tatsächlich vertritt, namentlich ob er die Kernbe-

---

71 Vgl. BGH, Beschl. v. 13.3.1978 – II ZR 63/77, BGHZ 71, 53 (57 f.); BGH, Beschl. v. 15.11.1982 – II ZR 62/82, BGHZ 85, 350 (356); BGH, Beschl. v. 10.10.1994 – II ZR 18/94, NJW 1995, 194 (195); BGH, Beschl. v. 29.3.1996 – II ZR 263/94, BGHZ 132, 263 (268).

72 Vgl. BGH, Urt. v. 15.1.2007 – II ZR 245/05, BGHZ 170, 283 Rn 9.

73 BGH, Beschl. v. 21.10.2014 – II ZR 84/13, BGHZ 203, 77 Rn 19.

74 BGH, Beschl. v. 21.10.2014 – II ZR 84/13, BGHZ 203, 77 Rn 19 unter Hinweis auf BGH, Beschl. v. 10.10.1994 – II ZR 18/94, NJW 1995, 194 (195).

75 BGH, Beschl. v. 21.10.2014 – II ZR 84/13, BGHZ 203, 77 Rn 19 unter Hinweis auf BGH, Beschl. v. 10.10.1994 – II ZR 18/94, NJW 1995, 194 (195); NJW-RR 2005, 1347 (1348).

76 BGH, Beschl. v. 21.10.2014 – II ZR 84/13, BGHZ 203, 77 Rn 19.

reichslehre (auch nach ihrem materiellen Gehalt) vollständig aufgegeben hat[77] oder nicht[78]. Zum anderen herrscht Streit über die Frage, welcher Maßstab – ungeachtet der Position des BGH – für die materielle Beschlusskontrolle gelten sollte. Während ein Teil des Schrifttums die Kernbereichslehre vollends verwirft und stattdessen für eine Anwendung der gesellschaftsrechtlichen Treuepflicht eintritt,[79] plädieren andere für eine unveränderte oder zumindest modifizierte Beibehaltung der Kernbereichsrechtsprechung mit ihrem bisher anerkannten materiellen Gehalt.[80] Wieder anderen sprechen sich für eine Inhaltskontrolle »aus Grund und Grenzen der Privatautonomie«[81] aus und halten Eingriffe in relativ unentziehbare Rechte nur dann für zulässig, wenn deren individuelle Zulässigkeit konkret im Gesellschaftsvertrag niedergelegt ist;[82] das läuft in der Sache auf eine Beibehaltung des hergebrachten Bestimmtheitsgrundsatzes für relativ unentziehbare Rechte hinaus.[83] Unter denjenigen, die der Kernbereichslehre auch nach dem Grundsatzurteil noch Bedeutung beimessen, wird fernerhin streitig diskutiert, ob bestimmte Rechte der Gesellschafter generell in den Kernbereich fallen[84] oder ob der Eingriff in den Kernbereich maßgeblich von Rechtsform, Realtypik und Gesellschaftszweck bestimmt wird[85].

---

77 So *Altmeppen*, NJW 2015, 2065; *Priester*, NZG 2015, 529; *Priester*, EWiR 2015, 71; *Ulmer*, ZIP 2015, 657 (658 f.); *Wertenbruch*, DB 2014, 2875 (2876 ff.).

78 So *Goette/Goette*, DStR 2016, 74 (80); *Heckschen/Bachmann*, NZG 2015, 531 (537); *Schiffer*, BB 2015, 584 (585); *Schäfer*, NZG 2014, 1401 (1404); *Schäfer*, ZIP 2015, 1313 (1314 f.); *Seidel/Wolf*, BB 2015, 2563 (2564); *Weber*, ZfPW 2015, 123 (126 f.).

79 So *Wertenbruch*, DB 2014, 2875 (2876 ff.).

80 Mit Unterschieden im Detail siehe *Goette/Goette*, DStR 2016, 74 (80); *Priester*, NZG 2015, 529 ff.; *Schäfer*, ZIP 2015, 1313 (1315 f.); *Seidel/Wolf*, BB 2015, 2563 ff.; *Ulmer*, ZIP 2015, 657 (658 ff.).

81 So *Altmeppen*, NJW 2015, 2065.

82 *Altmeppen*, NJW 2015, 2065 (2070).

83 Ähnlich *Seidel/Wolf*, BB 2015, 2563 (2565 f.).

84 So MünchKomm/*Schäfer*, BGB, 6. Auflage 2013, § 709 Rn 93; *Schäfer*, ZIP 2015, 1313 (1314, 1316).

85 So *Goette/Goette*, DStR 2016, 74 (80); *Seidel/Wolf*, BB 2015, 2563 (2566).

3. Zwischenergebnis

Die Skizze der beiden Rechtsprechungslinien des V. und II. Zivilsenats lässt deutliche Parallelen und mit den jüngsten Grundsatzentscheidungen BGHZ 202, 346 und BGHZ 203, 77 auch bemerkenswerte Konvergenzbewegungen erkennen. Das gilt nicht nur für die Adaption eines Zwei-Stufen-Modells, bestehend aus einer vorgelagerten Prüfung der formellen Legitimation des Mehrheitswillens und einer nachgelagerten materiellen Beschlusskontrolle, sondern auch für die inhaltlichen Anforderungen auf den beiden Entscheidungsstufen. Während auf der ersten Stufe der formellen Kompetenzzuweisung an die (qualifizierte) Mehrheit der Wohnungseigentümer und Gesellschafter nunmehr – im Gesellschaftsrecht unter Aufgabe des Bestimmtheitsgrundsatzes – ein rein formaler Maßstab angelegt wird, der für die Wirksamkeit einer Beschlussfassung in der Praxis regelmäßig keine substanzielle Hürde darstellen wird, erfolgt auf der zweiten Stufe eine tiefergehende, materielle Prüfung des Gesellschafterbeschlusses, die der Mehrheitsmacht zum Schutz berechtigter Individual- und Minderheitsinteressen spürbare Grenzen setzt. Wo diese Grenzen im Einzelnen zu ziehen sind, ist Gegenstand der in beiden Rechtsgebieten jeweils anhaltenden und in der Sache mit Heftigkeit geführten Debatten, zu welchen auch die vorliegende Abhandlung einen Beitrag leisten soll.

II. Verbandsrechtliche Elemente des Wohnungseigentumsrechts

Um aus der dialektischen Analyse der im Wohnungseigentums- und Gesellschaftsrecht diskutierten Fragestellungen einen wissenschaftlichen Ertrag zu generieren,[86] ist es von zentraler Bedeutung, die für beiden Rechtsgebiete jeweils systemprägenden Struktur- und Wertungsprinzipen herauszuarbeiten. Dies soll den Blick für das Einende und Trennende im Wohnungseigentums- und Gesellschaftsrecht schärfen und ein tragfähiges Fundament für die anschließende Stellungnahme legen.

---

86 Zu eng BeckOGK/*Falkner*, WEG, Stand: 1.12.2015, § 10 Rn 62: „Eine Argumentation anhand anderer Gesellschaftstypen verbietet sich somit für einzelne Streitfragen".

1. Wohnungseigentümergesellschaft als Verband sui generis

Eine zentrale Parallele bildet das beide Rechtsgebiete umspannende verbandsrechtliche Element.[87] In seiner Grundsatzentscheidung zur Anerkennung der Rechtsfähigkeit[88] hat der V. Zivilsenat des BGH die Wohnungseigentümergemeinschaft zielsicher als Verband sui generis qualifiziert.[89] Auch nach der gesetzlichen Anerkennung der Rechtsfähigkeit in § 10 Abs. 6 WEG lässt sich die Gemeinschaft der Wohnungseigentümer keiner bekannten Verbandsform zuordnen. Auch wenn die Wohnungseigentümergemeinschaft nicht auf einer vertraglichen Grundlage beruht, sondern ipso iure zwischen den an einem Grundstück dinglich berechtigten Wohnungseigentümern entsteht, sind diese – ähnlich den Mitgliedern einer Gesellschaft – durch das zwischen ihnen bestehende Rechtsverhältnis auf Dauer miteinander verbunden.[90]

Freilich ist der Verbandszweck bei der Wohnungseigentümergemeinschaft ein deutlich limitierter. Ausweislich § 10 Abs. 6 S. 1 WEG bedienen sich die Wohnungseigentümer des Verbandes ausschließlich zur Verwaltung des gemeinschaftlichen Eigentums.[91] Im Gegensatz dazu kann eine BGB-Gesellschaft grundsätzlich jeden erlaubten – wirtschaftlichen

---

87 Vgl. *Armbrüster*, FS Wenzel, 2005, S. 85.

88 Zur Reichweite der Rechtsfähigkeit und zum Begriff der Teilrechtsfähigkeit instruktiv BeckOGK/*Falkner*, WEG, Stand: 1.12.2015, § 10 Rn 413 ff.; Bärmann/*Suilmann*, WEG, 13. Auflage 2015, § 10 Rn 206 ff.

89 BGH, Beschl. v. 2.6.2005 – V ZB 32/05, BGHZ 163, 154 (172); dem folgend BeckOK/*Dötsch*, WEG, Stand: 1.2.2016, § 10 Rn 368; BeckOGK/*Falkner*, WEG, Stand: 1.12.2015, § 10 Rn 57, 62; *Hügel/Elzer*, WEG, 2015, § 10 Rn 20; Bärmann/*Suilmann*, WEG, 13. Auflage 2015, § 10 Rn 202.

90 Ohne Belang ist in diesem Zusammenhang die Streitfrage, ob zwischen der Gesamtheit der Wohnungseigentümer als Teilhaber der Bruchteilsgemeinschaft und der rechtsfähigen Wohnungseigentümergemeinschaft als Verband zu differenzieren ist; für die Trennungslehre etwa BGH, Beschl. v. 15.3.2007 – V ZB 77/06, NZM 2007, 411 Rn 10; OLG München, Beschl. v. 25.4.2013 – 34 Wx 146/13, NZM 2013, 792 (793); KG, Beschl. v. 11.10.2013 – 1 W 195-196/13, ZWE 2014, 24; *Hügel/Elzer*, WEG, 2015, § 10 Rn 24 ff.; für die Einheitslehre zB *Niederführ*, NJW 2007, 1841 (1843); *Armbrüster*, ZWE 2006, 470 (471); *Wenzel*, ZWE 2006, 462 (463).

91 Vgl. dazu noch Begr. RegE, BT-Drucks. 16/887, S. 60; BeckOGK/*Falkner*, WEG, Stand: 1.12.2015, § 10 Rn 421; *Wenzel*, NZM 2006, 321 (322).

oder ideellen – gemeinsamen Zweck verfolgen.[92] Nur soweit die Gesellschaft auf den Betrieb eines Handelsgewerbes gerichtet ist, handelt es sich kraft Gesetzes (vgl. §§ 105 Abs. 1, 161 Abs. 1 S. 1, Abs. 2 HGB) um eine OHG oder KG.[93] Die Personengesellschafter können den Verbandszweck auch jederzeit ändern. Der Zweck der Wohnungseigentümergemeinschaft ist hingegen unabdingbar:[94] Weder kann sich die Gemeinschaft der Verwaltung des gemeinschaftlichen Vermögens kraft privatautonomer Regelung entledigen, noch können daneben zusätzliche Zwecke verfolgt werden.

Davon abgesehen ist die Wohnungseigentümergemeinschaft als Verband freilich weniger mit einer Personengesellschaft als vielmehr – wegen ihrer körperschaftlichen Struktur und der Unabhängigkeit vom jeweiligen Mitgliederbestand – mit der juristischen Person,[95] namentlich dem Verein vergleichbar.[96] Hinzu kommt, dass die Entscheidungsfindung der Wohnungseigentümer untereinander vielfach bereits kraft Gesetzes durch Mehrheitsbeschluss erfolgen kann (vgl. § 25 Abs. 1 WEG), Einstimmigkeit folglich keine Voraussetzungen ist.[97] Für die nachfolgenden Überlegungen sind diese Unterschiede indes von untergeordneter Bedeutung. Entscheidend sind vielmehr die Parallelen in der Binnenstruktur, soweit es um den Gesellschaftsvertrag und die als Gemeinschaftsordnung zusammengefassten Vereinbarungen zwischen den Wohnungseigentümern iSd § 10 Abs. 2 S. 2 WEG geht.

---

92 BGH, Beschl. v. 2.6.1997 – II ZR 81/96, BGHZ 135, 387 (389); *Bayer/Lieder*, Handels- und Gesellschaftsrecht, 2015, Rn 414; ausf. Übersicht bei MünchKomm/*Ulmer/Schäfer,* BGB, 6. Auflage 2013, § 705 Rn 34 ff.

93 Vgl. nur MünchKomm/*Ulmer/Schäfer,* BGB, 6. Auflage 2013, § 705 Rn 5; *Bayer/Lieder*, Handels- und Gesellschaftsrecht, 2015, Rn 415.

94 *Hügel/Elzer*, WEG, 2015, § 10 Rn 30; *Elzer*, ZMR 2013, 769 (772); *Lehmann-Richter*, ZWE 2012, 463 (467); BeckOK/*Dötsch*, WEG, Stand: 1.2.2016, § 10 Rn 408; Riecke/Schmid/*Elzer*, 4. Auflage 2014, § 10 Rn 379.

95 Vgl. BGH, Beschl. v. 2.6.2005 – V ZB 32/05, BGHZ 163, 154 (161 f.); *Falkner* in BeckOGK, WEG, Stand: 1.12.2015, § 10 Rn 58.

96 BGH, Beschl. v. 2.6.2005 – V ZB 32/05, BGHZ 163, 154 (162.); BeckOK/*Dötsch*, WEG, Stand: 1.2.2016, § 10 Rn 394; *Hügel/Elzer*, WEG, 2015, § 10 Rn 21; Bärmann/*Suilmann*, WEG, 13. Auflage 2015, § 10 Rn 201; kritisch dazu BeckOGK/*Falkner*, WEG, Stand: 1.12.2015, § 10 Rn 61.

97 Vgl. BGH, Beschl. v. 2.6.2005 – V ZB 32/05, BGHZ 163, 154 (162); BeckOGK/*Falkner*, WEG, Stand: 1.12.2015, § 10 Rn 58.

2. Gemeinschaftsordnung und Gesellschaftsvertrag

In ihrer funktionalen und rechtsdogmatischen Bedeutung sind sich die Gemeinschaftsordnung der Wohnungseigentümer und der Gesellschaftsvertrag von (Personen-)Gesellschaften sehr ähnlich. Beide Statuten regeln das Rechtsverhältnis der Mitglieder der Rechtsgemeinschaften untereinander sowie zwischen den Mitgliedern und dem Verband. Auf diese Weise schafft die Gemeinschaftsordnung – in funktionaler Übereinstimmung mit dem Gesellschaftsvertrag – das Fundament für ein geordnetes Zusammenleben und Zusammenwirken der Wohnungseigentümer.[98] Zugleich sind Gemeinschaftsordnung und Gesellschaftsvertrag die geborenen Instrumente zur privatautonomen Gestaltung der bezeichneten Rechtsbeziehungen, soweit kein zwingendes Gesetzesrecht und keine ungeschriebenen Rechtsgrundsätze entgegenstehen. Die Frage, wo die Grenzen der jeweiligen Gestaltungsfreiheit verlaufen, stellt sich für das Wohnungseigentums- und das Gesellschaftsrecht mit Blick auf die inhaltliche Ausgestaltung der Gemeinschaftsordnung und des Gesellschaftsvertrages gleichermaßen.

Aus rechtsdogmatischer Perspektive sind beide Institute zunächst durch ihren übereinstimmenden schuldrechtlichen Charakter als mehrseitige (Kollektiv-)Verträge gekennzeichnet.[99] Daraus resultiert die Geltung der allgemeinen Grundsätze des Bürgerlichen Rechts, namentlich die Inhaltskontrolle nach §§ 134, 138, 242 BGB.[100]

---

98 Vgl. BGH, Urteil. v. 11.5.2012 – V ZR 189/11, NZM 2012, 613 Rn 8; *Hügel/Elzer*, WEG, 2015, § 10 Rn 81; BeckOGK/*Falkner*, WEG, Stand: 1.12.2015, § 10 Rn 141; siehe bereits BGH, Beschl. v. 2.6.2005 – V ZB 32/05, BGHZ 163, 154 (159 ff.): „Wohnungseigentümergemeinschaft verfügt über eine eigene Satzung, die Gemeinschaftsordnung, die (…) die Rechte und Pflichten der Mitglieder inhaltlich gestalten kann".

99 Für die Gemeinschaftsordnung vgl. BGH, Urt. v. 21.10.1983 – V ZR 121/82, NJW 1984, 612 (613); OLG Köln, Beschl. v. 2.4.2001 – 16 Wx 7/01, DNotZ 2002, 223 (227); OLG Frankfurt a.M., Beschl. v. 1.2.2006 – 20 W 291/06, ZWE 2006, 392 (394); *Häublein*, Sondernutzungsrechte und ihre Begründung im Wohnungseigentumsrecht, 2003, S. 24; *Hügel*, FS Wenzel, 2005, S. 219 (223 f.). Für den Vertrag der Personengesellschaften vgl. *Bayer/Lieder*, Handels- und Gesellschaftsrecht, 2015, Rn 413; *Windbichler*, Gesellschaftsrecht, 23. Auflage 2013, § 6 Rn 2; ausf. MünchKomm/*Ulmer/Schäfer*, BGB, 6. Auflage 2013, § 705 Rn 158.

100 Siehe oben I 1 a, b cc und I 2 a.

Darüber hinaus bedarf es für die Änderung der Gemeinschaftsordnung und des Gesellschaftsvertrages nach dem zivilrechtlichen Einigungsprinzip[101] im Grundsatz der Zustimmung aller Mitglieder.[102] Eine nur von einer Mehrheit getroffene Vereinbarung reicht grundsätzlich nicht aus;[103] sie vermag – als schuldrechtliche Nebenabrede[104] – nur die an der Änderungsabrede beteiligten Mitglieder zu binden, nicht aber die jeweilige Grundordnung mit Wirkung für alle Beteiligte zu ändern. Auf Grundlage der privatautonomen Gestaltungsfreiheit, die den Wohnungseigentümern durch Vereinbarungen iSd. § 10 Abs. 2 S. 2 WEG und den Gesellschaftern durch die allgemeinen Grundsätze der Privatautonomie eröffnet sind, können sich die Mitglieder allerdings durch allseitige Vereinbarung darauf verständigen, dass eine (einfache oder qualifizierte) Mehrheit – anstelle der Gesamtheit aller Vertragspartner – über die Änderung der Gemeinschaftsordnung oder des Gesellschaftsvertrages entscheidet. Im Wohnungsrecht werden solche Vereinbarungen als Öffnungsklauseln, im Gesellschaftsrecht als Mehrheitsklauseln bezeichnet. Die funktionalen und rechtsdogmatischen Parallelen der beiden Rechtsinstitute sind mit Händen zu greifen. Es liegt daher nahe, auch die Wirksamkeit von Öffnungs- und Mehrheitsklauseln an vergleichbaren Maßstäben zu messen.

3. Treuepflichtbindung

Weiterhin bestehen bemerkenswerte Parallelen, was die Geltung und Reichweite der Treuepflicht im Wohnungseigentums-[105] und Gesellschaftsrecht[106] anlangt. Bereits der Geltungsgrund für die Anerkennung

---

101 Dazu ausf. *Lieder*, Die rechtsgeschäftliche Sukzession, 2015, S. 231 ff.

102 Siehe oben I 1 b und I 2 a, b.

103 Für die Gemeinschaftsordnung vgl. *Hügel/Elzer*, WEG, 2015, § 10 Rn 85; *Hügel*, ZWE 2001, 42 (44 f.).

104 Zur Bedeutung schuldrechtlicher Nebenabreden im Gesellschaftsrecht ausf. *Lieder* in Fleischer/Kalss/Voigt, Aktuelle Entwicklungen im deutschen, österreichischen und schweizerischen Gesellschafts- und Kapitalmarktrecht 2012, S. 231 ff.

105 Vgl. BGH, Beschl. v. 2.6.2005 – V ZB 32/05, BGHZ 163, 154 (175); BGH, Urt. v. 5.3.2014 – VIII ZR 205/13, NJW 2014, 1653 Rn 12; *Hügel/Elzer*, WEG, 2015, § 10 Rn 69; *Jennißen*, ZMR 2004, 564 (565 f.).

106 Vgl. nur *Bayer/Lieder*, Handels- und Gesellschaftsrecht, 2015, Rn 657 ff.; *Lieder*, Revue Trimestrielle de Droit Financier (RTDF) N° 3, S. 33 (37 ff.).

von Treuepflichten ist der gleiche. Wohnungseigentümer und Gesellschafter schulden untereinander ein hinreichendes Maß an Loyalität und Rücksichtnahme, weil sie aufgrund der Dauer und Intensität ihrer Verbindung (*thick relationship*)[107] auf die schutzwürdigen Interessen der übrigen Mitglieder wie auch auf den Verband selbst einwirken können.[108] Darüber hinaus ist für beide Rechtsgebiete anerkannt, dass Treupflichten nicht nur zwischen den Mitgliedern bestehen, sondern auch die Mitglieder auf die Interessen des Verbands Rücksicht nehmen müssen,[109] aber auch umgekehrt dem Verband eine Treuepflicht gegenüber den einzelnen Mitgliedern obliegt.[110]

Freilich sind nicht alle im Gesellschaftsrecht anerkannten Spielarten von Treuepflichten auch im Wohnungseigentumsrecht vom Belang. Das gilt namentlich für das aus der gesellschafterlichen Treuebindung abgeleitete Wettbewerbsverbot, für das es zwischen Wohnungseigentümern und Verband keine Entsprechung gibt, weil die Gemeinschaft gerade keinen gemeinsamen (unternehmerischen) Zweck verfolgt, sondern auf die Verwaltung des gemeinschaftlichen Eigentums beschränkt ist.[111] Auf die Verwirklichung dieses konkreten Verbandszweckes ist demnach auch die Treuepflicht limitiert. Die Wohnungseigentümer haben demnach die Inte-

---

107 Siehe nochmals oben I.

108 Zur Herleitung im Gesellschaftsrecht grundlegend *Zöllner*, Die Schranken mitgliedschaftlicher Stimmrechtsmacht bei den privatrechtlichen Personenverbänden, 1963, S. 342 ff.; für die heutige Perspektive *Lieder*, Revue Trimestrielle de Droit Financier (RTDF) N° 3, S. 33 (34, 38); zum Wohnungseigentumsrecht *Armbrüster*, FS Merle, 2000, S. 1 (9 f.); *Armbrüster*, FS Wenzel, 2005, S. 85 (91).

109 Zum Wohnungseigentumsrecht BGH, Beschl. v. 2.6.2005 – V ZB 32/05, BGHZ 163, 154 (175); BGH, Beschl. v 13.7.2012 – V ZR 94/11, NJW 2012, 2955 Rn 19; für das Gesellschaftsrecht RG, Urt. v. 22.1.1935 – II 198/34, RGZ 146, 385 (395); RG, Urt. v. 21.9.1938 – II 183/37, RGZ 158, 248 (254); BGH, Urt. v. 1.4.1953 – II 235/52, BGHZ 9, 157 (163); BGH, Urt. v. 9.6.1954 – II ZR 70/53, BGHZ 14, 25 (38); BGH, Urt. v. 5.6.1975 – II ZR 23/74, BGHZ 65, 15 (18); BGH, Urt. v. 1.2.1988 – II ZR 75/87, BGHZ 103, 184 (194); BGH, Urt. v. 20.3.1995 – II ZR 205/94, BGHZ 129, 136 (142).

110 Zum Wohnungseigentumsrecht BGH, Urt. v. 13.7.2012 – V ZR 94/11, NJW 2012, 2955 Rn 19; BGH, Urt. v. 30.11.2012 – V ZR 234/11, NJW-RR 2013, 335 Rn 19; für das Gesellschaftsrecht BGH, Urt. v. 19.9.1994 – II ZR 248/92, BGHZ 127, 107 (111); BGH, Urt. v. 30.9.1991 – II ZR 208/90, GmbHR 1992, 104; BGH, Urt. v. 27.04.2009 - II ZR 167/07, GmbHR 2009, 770 Rn 17.

111 Vgl. *Armbrüster*, FS Wenzel, 2005, S. 85 (91).

ressen des Verbands (und der übrigen Mitglieder) zu wahren und alles zu unterlassen, was die ordnungsgemäße Verwaltung des gemeinschaftlichen Eigentums beeinträchtigen könnte.

Ebenso wie im Gesellschaftsrecht[112] ist auch mit Blick auf die wohnungseigentumsrechtliche Treuepflicht zu differenzieren: In ihrer Ausprägung als Rücksichtnahmegebot fungiert die Treuepflicht einerseits als Schranke für die Ausübung der den Wohnungseigentümern an sich zustehenden Rechten. Das muss konsequenterweise auch für Mehrheitsbeschlüsse gelten, die auf der Grundlage von Öffnungsklauseln gefasst werden. Andererseits kann sie in ihrer Ausprägung als Fördergebot die einzelnen Wohnungseigentümer dazu verpflichten, bei der Änderung der Gemeinschaftsordnung mitzuwirken,[113] so wie der Anspruch heute in § 10 Abs. 2 S. 3 WEG spezialgesetzlich ausgeformt ist.

Im Übrigen ist es für die Geltung der wohnungseigentumsrechtlichen Treuepflicht ohne Belang, ob die einzelnen Wohnungseigentümer als Eigennutzer oder Kapitalanleger beteiligt sind. Von Bedeutung kann dieser Unterschied nur für die Intensität der Treuepflicht sein.[114] Überhaupt werden Intensität und Reichweite der Treuepflichten im Wohnungseigentumsrecht wie auch im Gesellschaftsrecht maßgeblich durch die interne Struktur und Zusammensetzung der Verbände bestimmt. So ist in einer personalistischen Wohnungseigentümergemeinschaft mit einer kleinen Zahl von Eigennutzern von einer tendenziell stärkeren Treuebindung auszugehen als in einer großen Gemeinschaft mit einer Vielzahl von Kapitalanlegern.

4. Gleichbehandlungsgrundsatz

Schließlich kommt im Wohnungseigentums-[115] und Gesellschaftsrecht[116] der Gleichbehandlungsgrundsatz gleichermaßen zur Anwendung. In der

---

112 Vgl. nur *Lieder*, Revue Trimestrielle de Droit Financier (RTDF) N° 3, S. 33 (39 ff.).

113 Zum früheren Recht ausf. *Armbrüster*, FS Merle, 2000, S. 1 (2 ff., 11 f.).

114 Vgl. *Armbrüster*, FS Merle, 2000, S. 1 (16).

115 BGH, Urt. v. 1.10.2010 – V ZR 220/09, NJW 2010, 3508 Rn 10; BGH, Urt. v. 30.11.2012 – V ZR 234/11, NJW-RR 2013, 335 Rn 19; *Hügel/Elzer*, WEG, 2015, § 10 Rn 69; *Elzer*, ZWE 2013, 444 (445); *Jennißen*, ZMR 2004, 564 (565 f.).

Sache verlangt das Prinzip, dass Mitglieder in ähnlichen Situationen nicht ohne sachlichen Grund ungleich behandelt werden.

Das wohnungseigentumsrechtliche Gleichbehandlungsgebot wird nach hM aus dem Erfordernis einer ordnungsgemäßen Verwaltung abgeleitet (vgl. § 21 Abs. 3 WEG)[117] und nur subsidiär auf die zwischen den Wohnungseigentümern bestehende – schuldrechtliche – Sonderbeziehung und das Gemeinschaftsverhältnis zurückgeführt.[118] Im Gesellschaftsrecht wirkt der Gleichbehandlungsgrundsatz verbandsübergreifend und hat für die Gesellschaftsformen unterschiedliche Ausformungen im Gesetz erfahren (vgl. §§ 706 Abs. 1, 709 Abs. 1 und 2, 722 Abs. 1 BGB, § 53a AktG). Rechtsdogmatische Grundlage ist letztlich die gesellschaftsrechtliche Treuepflichtbindung.[119] Es liegt nahe, diesen Gedanken im Wohnungseigentumsrecht ergänzend heranzuziehen, wenngleich sich hieraus im Ergebnis kaum praktische Implikationen ergeben werden.

5. Zwischenergebnis

Als Zwischenfazit ist festzuhalten, dass im Hinblick auf die Binnenstruktur der Wohnungseigentümergemeinschaft als Verband und seine Selbstorganisation in Form der Gemeinschaftsordnung auf der einen Seite und die interne Organisationsstruktur der (Personen-)Gesellschaft, ausgestaltet durch den Gesellschaftsvertrag, auf der anderen Seite signifikante Parallelen bestehen, die es erlauben, einer wechselseitigen Übertragung von Struktur- und Wertungsargumenten näher zu treten. Das gilt umso mehr, als Öffnungs- und Mehrheitsklauseln aus funktionaler wie rechtsdogmatischer Perspektive identisch sind. Wenn auf dieser Grundlage nun eine Inhaltskontrolle nach §§ 134, 138, 242 BGB in Betracht kommt und Mehr-

---

116 *K. Schmidt*, Gesellschaftsrecht, 4. Auflage 2002, § 16 II 4 b; *Wiedemann*, Gesellschaftsrecht I, 1980, § 8 II 2; *Bayer/Lieder*, Handels- und Gesellschaftsrecht, 2015, Rn 674 f.; *Verse*, Der Gleichbehandlungsgrundsatz im Recht der Kapitalgesellschaft, 2006.

117 Vgl. BGH, Urt. v. 1.10.2010 – V ZR 220/09, NJW 2010, 3508 Rn 10; *Armbrüster*, FS Wenzel, 2005, S. 85 (92).

118 Vgl. *Hügel/Elzer*, WEG, 2015, § 10 Rn 69.

119 Für das GmbH-Recht vgl. etwa Scholz/*Seibt*, GmbHG, 11. Auflage 2014, § 14 Rn 41; *Verse,* Der Gleichbehandlungsgrundsatz im Recht der Kapitalgesellschaft, 2006, S. 87 ff; ablehnend *Raiser,* ZHR 111 (1948), 75, 84; *Fastrich* in Baumbach/Hueck, GmbHG, 20. Auflage 2013, § 13 Rn 20.

heitsbeschlüsse außerdem anhand der Treuepflicht und des Gleichbehandlungsgrundsatzes gemessen werden, dann liegt es nahe, (rechtsgebiets-) übergreifende Grundsätze auch für die übrigen Elemente der formellen und materiellen Beschlusskontrolle zu entwickeln. Hieraus ergeben sich wieder Folgen für den Bestimmtheitsgrundsatz und die Kernbereichslehre.

III. Gesellschaftsrecht

1. Bestimmtheitsgrundsatz

Der Bestimmtheitsgrundsatz in seiner bisherigen Ausprägung als Instrument des Minderheitenschutzes spielt im Gesellschaftsrecht heute zu Recht keine Rolle mehr.[120] Dass die umfassende Auflistung von Beschlussgegenständen ein graduell höheres Niveau an Minderheitsschutz gewährleisten kann als eine allgemein gehaltene Mehrheitsklausel, die sich auf den gesamten Gesellschaftsvertrag bezieht, ist seit jeher eine Illusion. Ein auf formeller Ebene angesiedelter Minderheitenschutz ist von vornherein zum Scheitern verurteilt. Zu Recht hat der II. Zivilsenat daher mit der Aufgabe des Bestimmtheitsgrundsatzes die Problematik wieder auf die allgemeinen Grundsätze des Bürgerlichen Rechts[121] und des Gesellschaftsrechts zurückgeführt. Eines Sonderrechts für Mehrheitsklauseln bedarf es selbst für Grundlagenentscheidungen und außergewöhnliche Geschäfte nicht. Stattdessen kann sich die Mehrheitsbefugnis aus jeder nur denkbaren Vereinbarung unter den Gesellschaftern ergeben. Die Mehrheitsmacht kann sowohl ausdrücklich in einem Katalog von einzelnen Beschlussgegenständen angeordnet sein, aus einer einfachen, umfassenden oder interpretationsfähigen Mehrheitsklausel folgen, oder aber auf einer stillschweigenden Vereinbarung beruhen.[122]

Bedeutung kann der Aspekt der Bestimmtheit heute nur noch im Zusammenhang mit einer antizipierten Zustimmung der Gesellschafter erlangen, die bereits im Gesellschaftsvertrag erteilt werden kann. Der dogmati-

---

120 Siehe nochmals oben I 2 b aa; vgl. zum Folgenden schon *Lieder*, ZfPW 2016, 205 (214).

121 Vgl. auch *Altmeppen*, VGR 21 (2015), 55 (59).

122 BGH, Urt. v. 21.10.2014 – II ZR 84/13, BGHZ 203, 77 Rn 14 unter Hinweis auf *K. Schmidt*, ZIP 2009, 737 (738).

sche Unterschied zum herkömmlichen Bestimmtheitsgrundsatz ist nicht gering zu schätzen. Während es dort um die institutionelle Gewährleistung von Minderheitenschutz ging, um überhaupt – in Abweichung vom Einstimmigkeitsprinzip – eine Mehrheitsentscheidung zu legitimieren, geht es hier – nach bisheriger Terminologie – um die Zustimmung zum Eingriff in ein mehrheitsfestes (relativ unentziehbares) Gesell-schafterrecht.[123]

2. Kernbereichslehre

a) Interpretation von BGHZ 203, 77

Über das Schicksal der Kernbereichslehre in der Rechtsprechung des II. Zivilsenats des BGH ist – entgegen abweichender Literaturstimmen[124] – noch nicht das letzte Wort gesprochen. Zwar ist zu erwarten, dass der Senat sich in nächster Zeit mit Feststellungen über den Kernbereich von Gesellschafterrechten zurückhalten wird. Indes betont der Vorsitzende des II. Zivilsenats im Rahmen einer quasi-authentischen Interpretation des Grundsatzurteils, dass das Gericht bewusst nicht formuliert habe, die Kernbereichslehre sei »aufgegeben«.[125] Es habe sich vielmehr um eine Neuausrichtung gehandelt, weil nicht abschließend geklärt sei, was zum Kernbereich der Mitgliedschaft gehöre und wie weit er reiche. Vor allem habe der Senat die Gefahr gesehen, dass in der Instanzrechtsprechung nach der Feststellung eines Eingriffs in den Kernbereich nicht mehr weitergeprüft werde.[126] Umgekehrt seien dem Urteil aber keine Denkverbote zu entnehmen. Auch weiterhin könne man darüber sprechen, was zum Kernbereich gehöre und ein Eingriff könne nach wie vor als Anhaltspunkt für die Inhaltskontrolle von Beschlüssen dienen.

Davon abgesehen bestehen in der Sache freilich auch nach BGHZ 203, 77 noch erhebliche Unsicherheiten über die Inhaltskontrolle von Beschlüssen, die auf der Grundlage von Mehrheitsklauseln in Gesellschafts-

---

123 Dazu sogleich im Einzelnen unten III 2 c bb (1).

124 Siehe nochmals oben I 2 b bb.

125 Dazu und zum Folgenden *Bergmann*, im Diskussionsbericht bei *Scholz*, VGR 21 (2015), 67.

126 Vgl. auch die Kritik an der Handhabung der früheren Rechtsprechungsvorgaben durch die Instanzgerichte bei *Goette/Goette*, DStR 2016, 74.

verträgen gefasst worden sind. Klar ist jedenfalls: durch die Neuausrichtung ist das Konzept des BGH komplexer geworden und hat zugleich an Kontur verloren. Elemente der Einzelfallentscheidung sind deutlich vermehrt anzutreffen, sowohl bei der Bestimmung relativ unentziehbarer Rechte als auch unter dem Gesichtspunkt der Treuepflicht im Hinblick auf die Zustimmungserteilung (Förderpflicht) oder die Interessenabwägung (Rücksichtnahmepflicht).

b) Kernbereichslehre als Sammelbegriff

Vor diesem Hintergrund entpuppt sich der Verzicht auf die Kernbereichslehre als primär terminologische Neuausrichtung.[127] Sie ist im Ergebnis zu begrüßen, leistet sie doch einen nicht gering zu schätzenden Beitrag dazu, in der Vergangenheit zum Vorschein gekommene Missverständnisse zukünftig zu vermeiden. Überhaupt ist der Begriff der Kernbereichslehre für sich genommen mit keinerlei Erkenntnisgewinne bei der Beurteilung der Wirksamkeit von Gesellschafterbeschlüssen verbunden. Brauchbar ist der Begriff allein als Sammelbezeichnung für verschiedene Fallgruppen von Beschlüssen, die in unterschiedlicher Weise die Rechtsstellung des einzelnen Gesellschafters berühren. Vergleichbar etwa mit dem Begriff der Annexkompetenz im Verfassungs- und Gesellschaftsrecht ist der Terminus der Kernbereichslehre durchaus schillernd. Indes ist nachdrücklich davor zu warnen, aus dem Begriff unmittelbare Rechtsfolgen abzuleiten. Die inhaltliche Bestimmung des Kernbereichs bedarf stets der dogmatischen Rückbindung an den Kanon der dem Gesellschafter nach den Vorschriften und Grundwertungen der Gesetze im Einzelnen zugewiesenen Rechten (und Pflichten). Für jede Fallgestaltung ist daher auch der Kernbereich der Mitgliedschaft anhand der anerkannten Instrumente der rechtsmethodischen Werkzeugkiste konkret zu begründen.[128] Der Begriff der Kernbereichslehre ist daher allenfalls geeignet für eine sprachlich verkürzte Be-

127 Vgl. *Bayer/Lieder*, Handels- und Gesellschaftsrecht, 2015, Rn 685; *Ulmer,* ZIP 2015, 657 (659).

128 Vgl. (zur Annexkompetenz) *Fleischer/Wedemann*, GmbHR 2010, 449 (456); *Lieder*, NZG 2015, 569 f.

zeichnung der derart kunstgerecht aus dem gesetzlichen Gesamtsystem gewonnenen mitgliedschaftlichen Rechte.[129]

c) Materielle Beschlusskontrolle

Verzichtet man nun im Rahmen der materiellen Beschlusskontrolle auf die Floskel des Kernbereichs der Mitgliedschaft, so erweist sich eine abgestufte Inhaltskontrolle dennoch als unverzichtbar. Insbesondere ist nachdrücklich davor zu warnen, Mehrheitsbeschlüsse ausschließlich anhand der gesellschaftsrechtlichen Treuepflicht auf ihre Wirksamkeit zu überprüfen. Diese Rechtsfigur bildet nicht den richtigen Ansatzpunkt für die Auflösung des eingangs bezeichneten Spannungsverhältnisses zwischen einer durch Mehrheitsbeschluss gewährleisteten Handlungsfähigkeit der Gesellschaft und einem angemessenen Schutz der Individual- und Minderheitsinteressen. Vorrangig ist stattdessen auf die Rechtsvorschriften und Wertungen des Gesellschaftsrechts zurückzugreifen, die im Rahmen einer allgemeinen Inhaltskontrolle nach §§ 134, 138, 242 BGB im Einzelfall zur Unwirksamkeit des Beschlusses führen kann. Der Anwendungsbereich der gesellschaftsrechtlichen Treuepflicht bleibt auf den gesetzlich nicht abschließend geregelten Bereich sowie die bisher anerkannten Fallgruppen beschränkt.

Knüpft man mit der hiesigen Auffassung an die bürgerlichrechtlichen Nichtigkeitsvorschriften an, die bei ihrer Anwendung im jeweiligen Einzelfall mit den Wertungen des Gesellschaftsrechts aufgeladen werden, dann lassen sich gleichwohl drei Fallgruppen identifizieren, die eine abgestufte materielle Beschlusskontrolle von Mehrheitsbeschlüssen gewährleisten.

aa) Indisponible Beschlussgegenstände

Erstens kann der Gegenstand der Beschlussfassung einer privatautonomen Regelung schlichtweg entzogen sein. In Parallele zu den so genannten unverzichtbaren Rechten ist eine Beschlussfassung von vornherein unwirk-

129 Vgl. auch *K. Schmidt* in dem Diskussionsbericht bei *Scholz*, VGR 21 (2015), 67 (69 f.).

sam, und zwar auch wenn alle Gesellschafter zustimmen. In solchen Konstellationen, die Parallelen zum Problem der Hinauskündigungsklauseln[130] aufweisen, kommt es zu einer Selbstentmündigung des Gesellschafters, die anhand des Maßstabs der guten Sitten gem. § 138 Abs. 1 BGB keinen Bestand haben kann. Dahinter steht die Überlegung, dass es mit den modernen rechts- und sozialethischen Wertvorstellungen nicht in Einklang zu bringen ist, wenn der Gesellschafter der Willkürherrschaft der Mehrheit schutzlos ausgeliefert ist. Daher kann der (Minderheits-) Gesellschafter nach dem Maßstab des § 138 Abs. 1 BGB auf das ihm grundsätzlich zugebilligte Recht auf konstruktive Opposition nicht verzichten. Diese Überlegung spricht dafür, den vollständigen und dauerhaften Ausschluss des Teilnahmerechts in der Gesellschafterversammlung[131] und des Rechts zur Anfechtung rechtswidriger Beschlüsse[132] auch nach der Grundsatzentscheidung BGHZ 203, 77[133] für unwirksam zu halten, soweit sie nicht nach den Umständen des konkreten Einzelfalls durch sachliche Gründe gerechtfertigt sind. Gleiches gilt für den Ausschluss des Kündigungsrechts (vgl. § 723 Abs. 3 BGB)[134] und von Informationsrechten unter bestimmten Voraussetzungen (vgl. § 716 Abs. 2 BGB, § 118 Abs. 2 HGB, § 51a Abs. 3 GmbHG).[135]

Als Gegenbeispiel sei die Aufhebung der Übertragbarkeit der Mitgliedschaft genannt.[136] Nach Maßgabe der §§ 399 Alt. 2, 413 BGB – als leges speciales zu § 137 S. 1 BGB – kann der Gesellschafter einwilligen, seinen Gesellschaftsanteil unübertragbar zu stellen. Damit ist keine nach § 138

---

130 BGH, Urt. v. 24.3.1977 – VII ZR 220/75, BGHZ 68, 212 (215); BGH, Urt. v. 13.7.1981 – II ZR 256/79, BGHZ 81, 263 (265 ff.); BGH, Urt. v. 21.3.1988 – II ZR 135/87, BGHZ 104, 50 (57 ff.); BGH, Urt. v. 19.9.2005 – II ZR 173/04, BGHZ 164, 98 und 107; dazu *Lieder*, DZWIR 2006, 63 ff.

131 Vgl. Ebenroth/Boujong/Joost/Strohn/*Freitag*, HGB, 3. Auflage 2014, § 119 Rn 7; *K. Schmidt*, Gesellschaftsrecht, 4. Auflage 2002, § 16 III 3 a.

132 Vgl. Münch Komm/*Enzinger*, HGB, § 119 Rn 68 f.; Staub/*Schäfer*, HGB, 5. Auflage 2009, § 119 Rn 91.

133 Im Ergebnis ebenso Oetker/*Weitemeyer*, HGB, 4. Auflage 2015, § 119 Rn 40; *Schiffer*, BB 2015, 584 (585 f.); *Wertenbruch*, DB 2014, 2875 (2880).

134 Vgl. BGH, Urt. v. 16.12.1991 – II ZR 58/91, BGHZ 116, 359 (369); *Wertenbruch*, DB 2014, 2875 (2880).

135 Vgl. Oetker/*Weitemeyer*, HGB, 4. Auflage 2015, § 119 Rn 40; *K. Schmidt*, Gesellschaftsrecht, 4. Auflage 2002, § 16 III 3 a; *Schiffer*, BB 2015, 584 (585); *Wertenbruch*, DB 2014, 2875 (2880).

136 Dazu und zum Folgenden bereits ausf. *Lieder*, ZfPW 2015, 205 (219 ff.).

Abs. 1 BGB zu sanktionierende Selbstentmündigung verbunden, denn zum einen kann sich der Gesellschafter jedenfalls durch Kündigung der Personengesellschaft von seinem Gesellschaftsanteil lösen (vgl. § 723 Abs. 1 BGB, §§ 131 Abs. 3 S. 1 Nr. 3, S. 2, 132 HGB). Zum anderen können die Mitgesellschafter die Verfügungsbeschränkung jederzeit – ggf. gegen Zahlung einer Ablösesumme – wieder aufheben und die Übertragbarkeit wiederherstellen.

bb) Zustimmungspflichtige Beschlussgegenstände

(1) Grundlagen

Zentrale praktische Bedeutung hat die zweite Fallgruppe, bei welcher der Gegenstand einer Beschlussfassung zwar nicht von vornherein entzogen ist, dessen privatautonome Regelung aber einer Zustimmung des von der Beschlussfassung nachteilig betroffenen Gesellschafters bedarf. Um Missverständnisse zu vermeiden, ist hier nochmals ausdrücklich klarzustellen, dass sich die betreffenden Beschlussgegenstände dieser Fallgruppe nicht abstrakt-generell bezeichnen lassen, sondern anhand sämtlicher Umstände des konkreten Einzelfalls zu bestimmen sind. Im Ergebnis ist eine Abwägungsentscheidung zu treffen, ob der Mehrheitsbeschluss die individuelle Gesellschafterstellung so schwerwiegend beeinträchtigt, dass die Beschlussfassung ausschließlich unter konkreter Zustimmung des nachteilig Betroffenen Bestand haben soll. Im Rahmen der Abwägung sind auf Seiten der betreffenden Gesellschaft deren Rechtsform, Realtypik und Gesellschaftszweck,[137] auf Seiten der Gesellschafter(-minderheit) deren Schutzwürdigkeit und Schutzbedürftigkeit im konkreten Einzelfall auch unter Berücksichtigung der gesellschaftsrechtlichen Struktur- und Wertungsprinzipien einzubeziehen.

---

137 Vgl. *Seidel/Wolf*, BB 2015, 2563 (2565); aA BeckOK/*Schöne*, BGB, Stand: 1.2.2016, § 709 Rn 37 f.; *Schäfer*, ZGR 2013, 237 (256 f.).

(2) Anwendungsbeispiele

Als Beispiel dient zunächst der auf Grundlage einer einfachen Mehrheitsklausel gefasste Gesellschafterbeschluss, wonach der Gesellschaftsvertrag in einer Weise geändert werden soll, dass künftig nicht mehr einstimmig, sondern mit einfacher Mehrheit über die Zulässigkeit der Übertragung von Gesellschaftsanteilen entschieden wird.[138] Denn mit einem entsprechenden Beschluss wird das »Vetorecht« eines jeden Gesellschafters beseitigt, sich nicht gegen seinen Willen einen anderen Gesellschafter aufdrängen zu lassen. Dies folgt letztlich aus dem Prinzip der negativen Kontrahentenwahlfreiheit der Gesellschafter, das wiederum auf den systemprägenden Grundsatz der Privatautonomie zurückzuführen ist.[139]

Auch die Übertragbarkeit der Mitgliedschaft kann vollständig nur mit der Zustimmung des betreffenden Gesellschafters aufgehoben werden.[140] Denn die Aufhebung der Übertragbarkeit berührt die Grundfesten des Mitgliedschaftsrechts, das nach Art. 14 Abs. 1 GG verfassungsrechtlichen Schutz genießt. Teil dieser Eigentumsgewährleistung ist – neben der Privatnützigkeit – auch die Verfügungsbefugnis über die eigentumskräftig geschützte Vermögensposition. Dementsprechend gilt auch für Gesellschaftsanteile der Grundsatz der Sukzessionsfreiheit,[141] der nur mit Zustimmung des individuellen Gesellschafters aufgehoben werden kann.

Darüber hinaus kann Gesellschaftern ihre gesamte Gesellschafterstellung nicht ohne wichtigen Grund oder ohne ihre Zustimmung entzogen

---

138 Dazu und zum Folgenden schon ausf. *Lieder*, ZfPW 2016, 205 (216 f.); ebenso (zur nachträglichen Aufhebung der Vinkulierung im GmbH-Recht) OLG Düsseldorf, Urt. v. 27.2.1964 - 6 U 208/63, GmbHR 1964, 250; OLG Stuttgart, Urt. v. 12.5.1999 – 20 U 62/98, NZG 2000, 159 (165); Lutter/Hommelhoff/*Bayer*, GmbHG, 18. Auflage 2012, § 15 Rn 63; MünchKomm/*Reichert/Weller*, GmbHG, 2. Auflage 2015, § 15 Rn 395.

139 Dazu im Einzelnen *Lieder*, ZfPW 2016, 205 (212 f.).

140 Dazu und zum Folgenden bereits ausf. *Lieder*, ZfPW 2016, 205 (219 f.); vgl. noch *Wiedemann*, Gesellschaftsrecht II, 2004, § 5 II 1 c; ebenso (zur nachträglichen Vinkulierung im GmbH-Recht) OLG München, Urt. v. 23.1.2008 – 7 U 3292/07, GmbHR 2008, 541 (542); Lutter/Hommelhoff/*Bayer*, GmbHG, 18. Auflage 2012, § 15 Rn 62; Ulmer/Habersack/Löbbe/*Löbbe*, GmbHG, 2. Auflage 2013, § 15 Rn 228.

141 Dazu grundlegend *Lieder*, Die rechtsgeschäftliche Sukzession, 2015, S. 83 ff.

werden.[142] Auch die von ihnen geschuldeten Beiträge können nur mit ihrem Einverständnis erhöht werden (vgl. § 707 BGB).[143] Schließlich kann ihnen ihr Stimmrecht[144] und Gewinnbezugsrecht[145] nicht vollständig und dauerhaft ohne ihre Zustimmung entzogen werden. Für eine nur graduelle Beeinträchtigung dieser Rechte mittels Mehrheitsbeschlusses kann indes anderes gelten. Das gilt gleichermaßen für eine schlichte Vertragsänderung als solche.[146] Hier ist durch Abwägung der beteiligten Interessen ahand sämtlicher Umstände des konkreten Einzelfalls zu prüfen, ob die Interessen der Minderheit in unzumutbarer Weise durch den Mehrheitsbeschluss unter Berücksichtigung der gesetzlichen Wertungen beeinträchtigt sind.

(3) Zustimmung

Im Ergebnis ist also der Beschlussgegenstand in diesem Fällen mit Blick auf die Interessen der Gesellschafter von solcher Bedeutung, dass ein Beschluss ohne deren Zustimmung nicht wirksam zustande kommen kann. Diese Zustimmung kann der Gesellschafter entweder im Rahmen der Beschlussfassung ad hoc oder auch schon antizipiert zu einem früheren Zeitpunkt erteilen. Es liegt auf der Hand, dass die Zustimmung zu einer allgemeinen Mehrheitsklausel hierfür nicht ausreicht. Vielmehr muss eine Zustimmung auf den konkreten Beschlussgegenstand bezogen sein und außerdem das konkrete Ausmaß und die Reichweite der Zustimmung im Einzelfall eindeutig erkennen lassen.

---

142 BGH, Urt. v. 19.10.2009 – II ZR 240/08, BGHZ 183, 1 Rn 16; *Goette/Goette*, DStR 2016, 74 (81); vgl. weiter *K. Schmidt*, Gesellschaftsrecht, 4. Auflage 2002, § 16 III 3 c.

143 Vgl. BGH, Urt. v. 21.10.2014 – II ZR 84/13, BGHZ 203, 77 Rn 10, 17; *Goette/Goette*, DStR 2016, 74 (81 f.); *Schiffer*, BB 2015, 584 (586); im Ergebnis auch *Wertenbruch*, DB 2014, 2875 (2877 f.) auf der Grundlage seines abweichenden Ansatzes.

144 Staudinger/*Habermeier*, 2003, § 705 Rn 34; MünchKomm/*Ulmer/Schäfer*, BGB, 6. Auflage 2013, § 705 Rn 188; Soergel/*Hadding/Kießling*, BGB, 13. Auflage 2012, § 705 Rn 47.

145 MünchKomm/*Ulmer/Schäfer*, BGB, 6. Auflage 2013, § 705 Rn 189; Soergel/*Hadding/Kießling*, BGB, 13. Auflage 2012, § 705 Rn 47; Staudinger/*Habermeier*, 2003, § 705 Rn 35.

146 Dazu näher *Goette/Goette*, DStR 2016, 74 (80).

Zentrales Beispiel hierfür ist die Erhöhung von Beitragspflichten in Abweichung von § 707 BGB.[147] Die antizipiert erteilte Zustimmung muss in diesem Fall insbesondere eine Obergrenze enthalten, bis zu welchem konkreten Betrag die Beitragspflicht vermehrt werden darf. Zu einer unbeschränkten Beitragsvermehrung können sich die Gesellschafter nicht im Vorfeld einer Mehrheitsentscheidung verpflichten. Ob der Gesellschaftsvertrag hingegen eine absolute Wertgrenze bezeichnet oder sich der Höchstbetrag als Prozentsatz aus den übrigen Regelungen errechnen lässt und dadurch verifiziert werden kann, ist ohne Belang.[148] Bei der antizipierten Zustimmung ist folglich besonderer Wert auf die Gestaltung des Gesellschaftsvertrages zu legen, den Notar treffen besondere Beratungspflichten.[149]

(4) Zustimmungsanspruch aufgrund Treuepflicht

Fehlt es an der erforderlichen Zustimmung kann der Mehrheitsbeschluss im Einzelfall gleichwohl wirksam sein, wenn der Gesellschafter nach der gesellschaftsrechtlichen Treuepflicht zur Zustimmung verpflichtet gewesen wäre. Hier gelten die allgemeinen Grundsätze der Treuepflichtbindung. Soweit eine Beschlussfassung zur Erreichung des Verbandszwecks geeignet und erforderlich ist und auch die schutzwerten Interessen des Gesellschafters nicht unzumutbar beeinträchtigt werden, ist von einer Zustimmungspflicht auszugehen. Diese braucht aus Praktikabilitätsgründe nicht mittels Leistungsklage auf Erklärung der Zustimmungserteilung durchgesetzt zu werden. Vielmehr kann der Zustimmungsanspruch bei der im Rahmen der materiellen Beschlusskontrolle durchzuführenden Interessenabwägung berücksichtigt werden. Paradebeispiel für diese Fallgestaltung ist die Zustimmungspflicht bei der Sanierung notleidender Ge-

---

147 BGH, Urt. v. 15.1.2007 – II ZR 245/05, BGHZ 170, 283 Rn 9; BGH, Urt. v. 21.10.2014 – II ZR 84/13, BGHZ 203, 77 Rn 10, 17; BGH, Urt. v. 5.3.2007 – II ZR 282/05, NZG 2007, 381 Rn 14; BGH, Beschl. v. 26.3.2007 – II ZR 22/06, NZG 2007, 582 Rn 10; BGH, Urt. v. 9.2.2009 – II ZR 231/07, NZG 2009, 501 Rn 14; BGH, Urt. v. 13.3.2013 – II ZR 73/11, NZG 2013, 738 Rn 27; *Altmeppen*, VGR 21 (2015), S. 3; *Heckschen/Bachmann*, NZG 2015, 531 (535 f.).

148 So auch *Goette/Goette*, DStR 2016, 74 (82).

149 Dazu näher *Heckschen/Bachmann*, NZG 2015, 531 (536).

sellschaften, wie sie der BGH in seiner Leitentscheidung »Sanieren oder Ausscheiden« mit Recht anerkannt hat.[150]

cc) Mehrheitsfähige Beschlussgegenstände

In der dritten Fallgruppe kann die Gesellschaftermehrheit über den konkreten Beschlussgegenstand auch ohne die individuelle Zustimmung eines nachteilig berührten Gesellschafters entscheiden. Allerdings kann auch ein solcher Beschluss wegen Verstoßes gegen die gesellschaftsrechtliche Treuepflichtbindung[151] oder den Gleichbehandlungsgrundsatz verstoßen.

Ein Beispiel für die hiesige Fallgruppe ist die Zulässigkeit der Übertragung von Gesellschaftsanteilen aufgrund Mehrheitsklausel.[152] Indem die Mehrheit ihre Zustimmung zur Anteilsübertragung erteilt, wird typischerweise nicht in die individuelle Gesellschafterstellung der Mitgesellschafter eingegriffen. Anhand der Treuepflicht ist indes zu prüfen, ob die Zustimmungserteilung gegenüber der Gesellschaftermehrheit und der hierdurch in die Gesellschaft neu aufgenommene Gesellschafter nicht ausnahmsweise die schutzwerten Interessen der Minderheitsgesellschafter beeinträchtigt. Gleiches gilt für die Rechtsstellung des Veräußerers, weil es ihm auch nach erteilter Zustimmung freisteht, den Gesellschaftsanteil zu übertragen oder die Übertragung zu unterlassen.

---

150 Vgl. BGH, Urt. v. 19.10.2009 – II ZR 240/08, BGHZ 183, 1 Rn 23; siehe ferner jüngst BGH, Urt. v. 12.4.2016 – II ZR 275/14, BeckRS 2016, 07664 Rn 13 ff.

151 Zur Berücksichtigung im Rahmen der materiellen Beschlusskontrolle BGH, Urt. v. 21.10.2014 – II ZR 84/13, BGHZ 203, 77 Rn 34; *Lieder*, ZfPW 2016, 205 (217); *Schäfer*, ZIP 2015, 1313; *Weber*, ZfPW 2015, 123 (128).

152 Dazu und zum Folgenden bereits *Lieder*, ZfPW 2015, 205 (216 ff.); in der Sache ebenso oder ähnlich *Schäfer*, ZIP 2015, 1313; *Goette/Goette*, DStR 2016, 74 (80); *Seidel/Wolf*, BB 2015, 2563 (2566).

IV. Wohnungseigentumsrecht

Vergleichende Überlegungen zwischen dem Wohnungseigentums- und dem Gesellschaftsrecht sind nicht völlig neu.[153] So hat namentlich *Armbrüster* im Rahmen eines Festschriftbeitrags im Jahre 2005 die Auffassung vertreten, der im Gesellschaftsrecht etablierte Bestimmtheitsgrundsatz sei nicht notwendig auf Öffnungsklauseln zu übertragen.[154] Vielmehr sei eine Parallele zur Ausnahme für Publikumsgesellschaften[155] zu ziehen, weil das Prinzip der Einstimmigkeit bei solchen Verbänden schon im Ansatz nicht überzeuge. Gleichwohl empfahl er der Praxis, die möglichen Beschlussgegenstände durch enumerative Aufzählung ins Bewusstsein der Beteiligten zu rufen.[156]

1. Bestimmtheitsgrundsatz

Nach den Überlegungen zum Gesellschaftsrecht[157] und mit Blick auf BGHZ 202, 376[158] kann nicht länger zweifelhaft sein, dass der Bestimmtheitsgrundsatz auch im Wohnungseigentumsrecht keine Zukunft hat und auch nicht haben sollte.[159] Die im gesellschaftsrechtlichen Kontext gegen diese Rechtsfigur angeführten Argumente gelten cum grano salis auch für Mehrheitsbeschlüsse der Wohnungseigentümer: Insbesondere sind katalogmäßige Aufzählungen ungeeignet, für ein substanzielles Niveau an Individual- und Minderheitenschutz zu sorgen. Stattdessen spre-

153 Vgl. etwa auch *Linkens*, Die teilrechtsfähige Wohnungseigentümergemeinschaft: Aktuelle Rechtsentwicklung und Vergleich zur Gesellschaft bürgerlichen Rechts, 2014; *Jennißen*, ZMR 2004, 564 (565).

154 *Armbrüster*, FS Wenzel, 2005, S. 85 (89 f.); vgl. ferner *Armbrüster*, ZWE 2013, 242 (244).

155 Vgl. BGH, Urt. v. 24.11.1975 – II ZR 89/74, BGHZ 66, 82 (85 f.); BGH, Urt. v. 12.5.1977 – II ZR 89/75, BGHZ 69, 160 (165 f.); BGH, Urt. v. 13.3.1978 – II ZR 63/77, BGHZ 71, 53 (58 f.); BGH, Urt. v. 15.11.1982 – II ZR 62/82, BGHZ 85, 350 (356 f.).

156 Vgl. auch *Armbrüster*, DNotZ 2003, 493 (501) zur Einführungen gesetzlicher Öffnungsklauseln.

157 Siehe oben III 1.

158 Dazu schon oben I 2 b aa.

159 Aus dem Schrifttum ebenso *Dötsch* in BeckOK, WEG, Stand: 1.2.2016, § 10 Rn 245.

chen die Parallelen zwischen Gesellschafts- und Wohnungseigentumsrecht dafür, eine allgemeine Öffnungsklausel als formelle Legitimationsgrundlage für die Entscheidungsbefugnis der Eigentümermehrheit ausreichen zu lassen. Das gilt sowohl für den Fall, dass der betreffende Inhalt andernfalls zu vereinbaren,[160] einstimmig (vgl. § 22 Abs. 1 WEG) oder mit einem (anderen) gesetzlichen Quorum zu beschließen wäre.[161] Selbst die Begründung eines Sondernutzungsrechts kann auf eine allgemeine Öffnungsklausel gestützt werden.[162]

Besondere Bestimmtheitserfordernisse sind allein an die aufgrund der Öffnungsklausel gefassten Mehrheitsbeschlüsse selbst zu stellen. Dieses Erfordernis resultiert letztlich aus dem sachenrechtlichen Kontext und ist von dem – in der Sache abzulehnenden – verbandsrechtlichen Bestimmtheitsgrundsatz streng zu unterscheiden.[163] Eine Notwendigkeit für ein Sonderrecht für Öffnungsklauseln ist im Wohnungseigentumsrecht ebenso wenig erkennbar wie für Mehrheitsklauseln im Gesellschaftsrecht. Entscheidend ist vielmehr die Gewährleistung eines hinreichenden Individual- und Minderheitenschutzes auf Grundlage einer materiellen Inhaltskontrolle eines kraft Öffnungsklausel gefassten Mehrheitsbeschlusses.

---

160 *Becker*, ZWE 2002, 341 (342); *Häublein*, Rpfleger 2002, 503 (504); *Häublein*, FS Bub, 2007, S. 113 (122); *Röll*, DNotZ 2000, 9898 (902); *Schneider*, ZMR 2004, 286; *Buck*, Mehrheitsentscheidungen mit Vereinbarungsinhalt im Wohnungseigentumsrecht, 2001, S. 62; aA *Rapp*, DNotZ 2000, 861 (868); *Rastätter*, BWNotZ 1988, 134 (141); *Wudy*, MittRhNotK 2000, 383 (386).

161 *Hügel/Elzer*, WEG, 2015, § 10 Rn 148.

162 *Hügel/Elzer*, WEG, 2015, § 10 Rn 149; *Gaier*, ZWE 2005, 39 (40); *Wenzel*, FS Deckert, 2002, S. 517 (528); *Häublein*, Sondernutzungsrechte und ihre Begründung im Wohnungseigentumsrecht, 2003, S. 215 ff.; aA OLG Köln, Beschl. v. 29.6.1998 – 16 Wx 86-98, ZMR 1998, 373; *Becker*, ZWE 2002, 341 (345); *Schneider*, NotBZ 2008, 442 (449).

163 Vgl. missverständlich *Bruns*, NZM 2015, 191 (194): „Auf Grund seiner sachenrechtlichen Provenienz ist es irrelevant, dass der Bestimmtheitsgrundsatz im sonstigen Verbandsrecht zu kippen droht oder bereits aufgegeben ist."

2. Kernbereichslehre

a) Interpretation von BGHZ 202, 346

Anders als der II. Zivilsenat ist der V. Zivilsenat des BGH der Kernbereichslehre noch immer verhaftet. In den »zum Kernbereich des Wohnungseigentumsrecht zählenden Vorschriften, wozu unter anderem unentziehbare und unverzichtbare Individualrechte gehören«, erkennt der V. Zivilsenat eine Grenze der Gestaltungsfreiheit der Wohnungseigentümer.[164] Absetzbewegungen wie im Gesellschaftsrecht sind hier nicht auszumachen. Allerdings unterscheidet sich die konkrete Verwendung des Begriffs doch von dem früheren gesellschaftsrechtlichen Verständnis. Denn es geht hier nicht so sehr darum, deduktiv aus dem Begriff des Kernbereichs einzelne Schranken abzuleiten. Vielmehr wird der Begriff als Sammelbezeichnung für eine Gesamtmenge von Vorschriften des WEG verwandt. Das deutet in gewisser Weise auf die – hier schon für das Gesellschaftsrecht – eingeforderte Rückbindung der Grenzziehung an die normativen Vorgaben der Rechtsvorschriften und (ungeschriebenen) übergeordneten Grundsätze des Wohnungseigentumsrechts hin. Umgekehrt lassen sich allerdings auch keine Anhaltspunkte dafür finden, dass der V. Zivilsenat für bewegliche Schranken eintritt. Die einschlägige Passage deutet vielmehr darauf hin, dass die zum Kernbereich gehörenden – unverzichtbaren und unentziehbaren – Individualrechte anhand einer abstrakt-generellen Betrachtung zu ermitteln sind, nicht etwa – wie hier für das Gesellschaftsrecht gefordert[165] – auf Grundlage einer Interessenabwägung sämtlicher Umstände des konkreten Einzelfalls sowie unter Berücksichtigung der gesetzlichen und übergesetzlichen Wertungen des WEG.

b) Materielle Beschlusskontrolle

Freilich führt die Verwendung des Kernbereichsbegriffs auch im Wohnungseigentumsrecht gegenüber einer kunstgerechten Anwendung des anerkannten Kanons rechtsmethodischer Instrumente zu keinem messbaren Mehrwert. Wieder handelt es sich um einen verzichtbaren Sammelbegriff,

---

164 BGH, Urt. v. 10.10.2014 – V ZR 315/13, BGHZ 202, 346 Rn 15.
165 Siehe oben II 2 b, c bb (1).

der in der einschlägigen Sachdiskussion mehr Verwirrung stiftet als er geeignet wäre, zur inhaltlichen Klärung der materiellen Problemlage beizutragen. Daher sollte die vielfach kritisierte Begrifflichkeit aufgegeben werden.

Umgekehrt kann aber auch im Wohnungseigentumsrecht nicht auf eine materielle Beschlusskontrolle überhaupt verzichtet werden. Sie hat sich an den zum Gesellschaftsrecht entwickelten drei Fallgruppen zu orientieren, die anhand der grundlegenden Wertungen des WEG, des Bürgerlichen Rechts und des Verfassungsrechts herauszuarbeiten sind.

aa) Grundlagen

Dementsprechend ist auch die im Wohnungseigentumsrecht vertretene Auffassung abzulehnen, die auf eine materielle Inhaltskontrolle vollständig verzichten will.[166] Zur Begründung heißt es, Öffnungsklauseln fänden ihre Rechtfertigung in der Gestaltungsautonomie der Wohnungseigentümer und seien deshalb dem Vertragsrecht, nicht hingegen dem Beschlussrecht zuzuordnen.

Nun ist es zweifellos richtig, dass Öffnungsklauseln einen wertvollen Beitrag zur Gewährleistung der Handlungsfähigkeit von Wohnungseigentümergemeinschaften leisten, indem sie Blockadesituationen aufgrund des Vetorechts des einzelnen Wohnungseigentümers verhindern. Allerdings gilt keine Freiheit ohne Schranke. Die Gewährung rechtlicher Gestaltungsmacht trägt ihre Beschränkung auf das gebotene Maß gleichermaßen als immanente Grenze in sich.[167] Aus diesem Grund kann eine Inhaltskontrolle anhand der allgemeinen zivilrechtlichen Vorschriften der §§ 134, 138, 242 BGB im Ergebnis auch im Wohnungseigentumsrecht nicht zweifelhaft sein.[168] Darüber hinaus erscheint es gleichermaßen sachgerecht Maßnahmen anzuerkennen, die trotz einfacher Öffnungsklausel nur mit der Zustimmung des nachteilig betroffenen Wohnungseigentümers vorgenommen werden können. Die – gegen das Belastungsverbot verstoßende – Erhöhung von Leistungspflichten ist etwa dieser Fallgruppe zuzuschlagen.

---

166 *Hügel/Elzer*, WEG, 2015, § 10 Rn 151 aE.

167 Vgl. *Lieder*, Die rechtsgeschäftliche Sukzession, 2015, S. 150.

168 So auch *Hügel/Elzer*, WEG, 2015, § 10 Rn 114 f. im Zusammenhang mit der Inhaltskontrolle von Vereinbarungen nach § 10 Abs. 2 S. 2 WEG.

Wollte man den Wohnungseigentümer hier allein auf die Treuepflichtbindung des Verbands und der übrigen Wohnungseigentümer verweisen, wäre hiermit die Gefahr eines tendenziell schwächeren Individual- und Minderheitsschutzes verbunden. Dies gilt unabhängig davon, ob man die auf Grundlage einer Öffnungsklausel getroffene Entscheidung einheitlich dem Beschlussbereich zuweist oder als Vereinbarungen einordnet, soweit sich ihr Inhalt auf den Vereinbarungsbereich bezieht.[169]

bb) Indisponible Beschlussgegenstände

Indisponible Beschlussgegenstände sind einer Regelung durch die Wohnungseigentümer von vornherein entzogen. Sie können auch nicht durch einstimmigen Beschluss oder Vereinbarung unter allseitiger Zustimmung privatautonom geregelt werden. Diese Kategorie umfasst sämtliche wohnungseigentumsrechtlichen Schranken, dh, Rechtsvorschriften, die aufgrund ihres individual- oder minderheitsschützenden Charakters nicht abdingbar sind, wie zB die Mindestanforderungen an die Ladung zur Wohnungseigentümerversammlung nach § 24 Abs. 4 WEG.[170] Weitere Schranken in diesem Sinne können sich nach zutreffender hM auch durch Auslegung von Vorschriften ergeben,[171] soweit die Ausdehnung die Gestaltungsfreiheit nicht über Gebühr beeinträchtigt.[172] Aus der Gesamtschau des Regelungssystems des WEG können außerdem unverletzliche Strukturprinzipien abgeleitet werden,[173] die ebenfalls als Grenzen einer Beschlussfassung fungieren, wie zB die Erteilung einer umfassenden Vollmacht an den Verwalter zur Vertreter aller Wohnungseigentümer in sämtlichen Angelegenheiten nach dem WEG.[174] Hinzu kommen die bürgerlich-

---

169 Zum Problem näher *Hügel/Elzer*, WEG, 2015, § 10 Rn 153 f. sowie unten IV 3 a.

170 Vgl. *Elzer*, MDR 2015, 1050 (1051).

171 OLG Hamm, Beschl. v. 19.8.2008 – 15 Wx 89/08, ZMR 2009, 219 (220); BayObLGZ, Beschl. v. 28.10.1980 – BReg. 2 Z 63/80, MDR 1980, 331 (338); Staudinger/*Bub*, WEG, 13. Auflage 2005, § 23 Rn 230; *Hügel/Elzer*, WEG, 2015, § 10 Rn 113; aA Bärmann/*Merle*, WEG, 13. Auflage 2015, § 23 Rn 144.

172 Vgl. BGH, Beschl. v. 27.6.1985 – VII ZB 21/84, NJW 1985, 2832 (2833); BGH, Beschl. v. 11.11.1986 – V ZB 1/86, NJW 1987, 650.

173 Vgl. auch Bärmann/*Suilmann*, WEG, 13. Auflage 2015, § 10 Rn 99; *Lafontaine* in jurisPK, BGB, 7. Auflage 2014, Stand: 5.1.2016, § 10 WEG Rn 78.

174 *Elzer*, MDR 2015, 1050 (1051).

rechtlichen Schranken aus §§ 134, 138, 242 BGB. Im Grundsatz gilt nichts anderes als für die Wirksamkeit von Vereinbarungen der Wohnungseigentümer nach Maßgabe des § 10 Abs. 2 S. 2 WEG.

Betrachtet man vor diesem Hintergrund die vom V. Zivilsenat und im Schrifttum als unverzichtbar eingestuften Inhalte,[175] dann erscheint eine differenzierende Betrachtung am Platz. In Übereinstimmung mit dem Gesellschaftsrecht[176] verstoßen der vollständige und dauerhafte Ausschluss des Teilnahmerechts an Wohnungseigentümerversammlungen sowie der Verzicht auf das Recht, fehlerhafte Beschlüsse gerichtlich angreifen zu können, als unzulässige Selbstentmündigung gegen die guten Sitten und sind daher nach § 138 Abs. 1 BGB nichtig, wenn hierfür keine rechtfertigenden Sachgründe nach den Umständen des konkreten Einzelfalls ins Feld geführt werden können. Auch innerhalb der Wohnungseigentümergemeinschaft ist es mit den modernen rechts- und sozialethischen Wertvorstellungen grundsätzlich nicht in Einklang zu bringen, dass einzelne Wohnungseigentümer der Willkürherrschaft der Mehrheit schutzlos ausgeliefert sind. Sie dürfen daher auf das ihnen grundsätzlich zugebilligte Recht auf konstruktive Opposition nicht von vornherein verzichten.

Demgegenüber ist man sich im Gesellschaftsrecht darüber einig, dass auf das Stimmrecht – zumindest soweit kein persönlich haftender Gesellschafter betroffen ist[177] – wirksam verzichtet werden kann.[178] Auch ohne Stimmrecht können Gesellschafter sich gegen die Willkürherrschaft der Mehrheit zur Wehr setzen und ihre Oppositionsrechte in Anspruch nehmen. Dies muss auch für das Wohnungseigentumsrecht gelten.[179] Auf-

---

175 Vgl. oben I 1 a, b cc.

176 Siehe oben III 2 c aa.

177 Auch in diesem Fall für Verzichtbarkeit Staub/*Schäfer*, HGB, 5. Auflage 2009, § 119 Rn 66; aA Ebenroth/Boujong/Joost/Strohn/*Freitag*, HGB, 3. Auflage 2014, § 119 Rn 22 f.; Röhricht/v. Westphalen/Haas/*Haas*, HGB, 4. Auflage 2014, § 119 Rn 26.

178 Für den Kommanditisten BGH, Urt. v. 14.5.1956 – II ZR 229/54, BGHZ 20, 363 (364 ff.); für Komplementär-GmbH einer personenidentischen GmbH & Co. KG BGH, Urt. v. 24.5.1993 – II ZR 73/92, DB 1993, 1664; ebenso Baumbach/Hopt/*Roth*, HGB, 36. Auflage 2014, § 119 Rn 13; Henssler/Strohn/*Finkh*, Gesellschaftsrecht, 2. Auflage 2014, § 119 HGB Rn 18; Staudinger/*Habermeier*, BGB, 2003, § 709 Rn 23; *Wertenbruch*, DB 2014, 2875 (2880); für die GmbH ausf. *Priester*, GmbHR 2013, 225 (228 f.).

179 Ebenso *Hügel/Elzer*, WEG, 2015, § 10 Rn 118; *Priester*, GmbHR 2013, 225 (229).

grund der verbandsrechtlichen Parallelen ist dort nicht anders zu entscheiden als im Gesellschaftsrecht. Die Gegenauffassung ist bis heute eine tragfähige Begründung für die tiefgreifende Beschränkung der Gestaltungsfreiheit schuldig geblieben: Entweder spricht die höchstrichterliche Rechtsprechung nur apodiktisch davon, dass der »Entzug des Stimmrechts« einen »schwerwiegenden Eingriff in den Kernbereich elementarer Mitgliedschaftsrechte« darstelle,[180] oder aber das Gericht stützt die Entscheidungen gar nicht unmittelbar auf die These vom Stimmrecht als unverzichtbarem Recht, lässt den Hinweis auf die (vermeintliche) Kernbereichszugehörigkeit des Stimmrechts allein im Rahmen der einfachgesetzlichen Auslegung des § 25 Abs. 5 WEG einfließen[181].

cc) Zustimmungspflichtige Beschlussgegenstände

In Parallele zum Gesellschaftsrecht können auch die Grundstrukturen bei der Behandlung zustimmungspflichtiger Beschlussgegenstände auf das Wohnungseigentumsrecht übertragen werden.

(1) Belastungsverbot

Zu dieser Fallgruppe gehört namentlich das in BGHZ 202, 346 anerkannte, gleichermaßen dem Gesellschaftsrecht entlehnte Belastungsverbot.[182] Das Verbot der Beitragsvermehrung kommt in einer ganzen Reihe gesellschaftsrechtlicher Vorschriften zum Ausdruck, namentlich § 707 BGB, § 53 Abs. 3 GmbHG, §§ 179 Abs. 3, 180 Abs. 1 AktG, und ist nach seinem Regelungsziel auch auf die Wohnungseigentümergemeinschaft als Verband zu übertragen. Der einzelne Wohnungseigentümer ist auch in diesem Kontext davor zu schützen, dass ihm ohne seine konkrete Zustimmung weitergehende Leistungspflichten aufgebürdet werden, zu welchen er sich bei Begründung der Wohnungseigentümergemeinschaft nicht ver-

---

180 BGH, Urt. v. 10.12.2010 – V ZR 60/10, NJW 2011, 679 Rn 10.

181 BGH, Urt. v. 14.10.2011 – V ZR 56/11, BGHZ 191, 198 Rn 10 ff.

182 Zustimmend *Briesemeister*, ZWE 2015, 116; *Bruns*, NZM 2015, 191 (193); vgl. weiter die bei BGH, Urt. v. 10.10.2014 – V ZR 315/13, BGHZ 202, 346 in Rn 16 Genannten.

pflichtet hat. Grundlage für die Geltung des Belastungsverbots ist damit letztlich das Prinzip der negativen Vertragsfreiheit und das Verbot von Verträgen zu Lasten Dritter. Beschließt nämlich die Mehrheit der Wohnungseigentümer auf Grundlage einer einfachen Mehrheitsklausel eine Erweiterung der Leistungspflichten zu Lasten eines Gesellschafters, verstößt sie letztlich gegen das aus der Privatautonomie fließende Einigungsprinzip.[183]

Für das Wohnungseigentumsrecht wird das Belastungsverbot als Ausdruck des Minderheitenschutzes weiter durch den Regelungskanon des WEG unterstrichen.[184] Dort sind nämlich nur in wenigen, enumerativen Einzelfällen Leistungspflichten aufgezählt, die dem einzelnen Wohnungseigentümer auch gegen seinen Willen auferlegt werden können. Das gilt unmittelbar für die in § 14 WEG normierten Pflichten sowie mittelbar für die Beschlusskompetenzen der Wohnungseigentümerversammlung nach Maßgabe der §§ 15 Abs. 2, 16 Abs. 3 – 4, 21 Abs. 3, 5 und 7, 22 Abs. 1 WEG. Der Regelungssystematik des WEG ist zu entnehmen, dass alle weiteren Leistungsvermehrungen der Zustimmung des betreffenden Wohnungseigentümers bedürfen.

(2) Nutzung des Wohneigentums

Auch eine substanzielle Beeinträchtigung der Nutzung des Wohnungseigentums ist regelmäßig nur mit der Zustimmung des betreffenden Wohnungseigentümers zulässig.[185] Dies folgt zwanglos aus der ausschließlichen Zuweisung des Wohnungseigentums als Sondereigentum an den Eigentümer der Wohnung (§ 1 Abs. 2 WEG). Das Wohnungseigentum ist nicht nur als zivilrechtliches Eigentum iSd. § 903 BGB anzusehen,[186] son-

183 Siehe bereits oben II 2.

184 Zum Folgenden vgl. *Bruns*, NZM 2015, 191 (192).

185 Im Ergebnis ebenso unter Hinweis auf die Kernbereichslehre BGH, Beschl. v. 16.9.1994 – V ZB 2/93, BGHZ 127, 99 (105); BGH, Beschl. v. 4.5.1995 – V ZB 5/95, BGHZ 129, 329 (333); BGH, Beschl. v. 20.9.2000 – V ZB 58/99, BGHZ 145, 158 (165); BGH, Beschl. v. 22.1.2004 – V ZB 51/03, BGHZ 157, 322 (334); vgl. weiter Bärmann/*Suilmann*, WEG, 13. Auflage 2015, § 10 Rn 102 f.

186 BGH, Beschl. v. 2.6.2005 – V ZB 32/05, BGHZ 163, 154 (161); KG, Beschl. v. 18.7.2001 – 24 W 7365/00, ZWE 2001, 554; Staudinger/*Rapp*, WEG, 13. Aufla-

dern auch verfassungsrechtlich nach Art. 14 Abs. 1 GG geschützt.[187] Dabei schützt Art. 14 Abs. 1 GG nicht nur den Bestand des Eigentums, sondern auch seine privatnützige Verwendbarkeit.[188] Hinzu kommt der Schutz des einzelnen Wohnungseigentümers auf freie Entfaltung seiner Persönlichkeit innerhalb des Wohnungseigentums (Art. 2 Abs. 1 GG).[189] Mehrheitsbeschlüsse, die auf eine substanzielle Beschränkung der Nutzbarkeit des Wohnungseigentums gerichtet sind, erweisen sich vor diesem Hintergrund nicht nur als unzulässiger Vertrag zulasten Dritter, sondern zugleich als Beeinträchtigung der Eigentumsgewährleistung und der freien Persönlichkeitsentfaltung, die im Wege einer mittelbaren Drittwirkung von Art. 14 Abs. 1 GG und Art. 2 Abs. 1 GG in Form einer verfassungskonformen Auslegung einer einfachen Öffnungsklauseln im Grundsatz nicht abgedeckt ist. Gleiches gilt für einen Ausschluss aus der Wohnungseigentümergemeinschaft ohne Vorliegen eines wichtigen Grundes.[190]

Allerdings ist der eigennützige Gebrauch des Wohnungseigentums nicht einschränkungslos gewährleistet. Vielmehr sind – in Übereinstimmung mit dem Gesellschaftsrecht – sämtliche Umstände des konkreten Einzelfalls im Rahmen einer Gesamtabwägung der individuellen Interessen des Wohnungseigentümers mit dem Interesse der Wohnungseigentümermehrheit zu einem angemessenen Ausgleich zu bringen. Das folgt neben der allgemeinen Sozialbindung des Eigentums nach Art. 14 Abs. 2 GG vor allem aus der engen Verbindung des zwischen den Wohnungseigentümern bestehenden Gemeinschaftsverhältnisses, aus dem auch gegenseitige Treue- und Rücksichtnahmepflichten folgen.[191] Vor diesem Hintergrund sind auch die Entscheidungen in Sachen Hundehalteverbot (gene-

---

ge 2005, § 1 Rn 15; *Hügel/Elzer*, WEG, 2015, § 1 Rn 8; aA *Junker*, Die Gesellschaft nach dem Wohnungseigentumsgesetz, 1993, S. 43.

187 Maunz/Dürig/*Papier*, GG, 76. EL Dez. 2015, Art. 14 Rn 56; BeckOK/*Axer*, GG, Stand: 1.3.2015, Art. 14 Rn 49; Sachs/*Wendt*, GG, 7. Auflage 2014, Art. 14 Rn 24.

188 Maunz/Dürig/*Papier*, GG, 76. EL Dez. 2015, Art. 14 Rn 56; BeckOK/*Axer*, GG, Stand: 1.3.2015, Art. 14 Rn 49; *Sachs/Wendt*, GG, 7. Auflage 2014, Art. 14 Rn 23 f.

189 Vgl. jurisPK/*Reichel-Scherer*, BGB, 7. Auflage 2014, Stand: 16.2.2016, § 21 WEG Rn 221.

190 Vgl. *Buck*, Mehrheitsentscheidungen mit Vereinbarungsinhalt im Wohnungseigentumsrecht, 2001, S. 77.

191 Vgl. OLG Frankfurt, Beschl. v. 23.11.2005 – 20 W 423/03, ZWE 2006, 105; LG München I, Urt. v. 1.6.2015 – 1 S 13261/14 WEG, GE 2015, 1106.

relles Verbot zulässig)[192] und Parabolantenne (Verbot bei Ausländern selbst bei Kabelanschluss unzulässig)[193] jeweils als vertretbar einzustufen.

(3) Sondernutzungsrechte

Die Behandlung von Sondernutzungsrechten ist umstritten.[194] Tatsächlich ist zunächst zwischen der Begründung, Änderung und Aufhebung eines Sondernutzungsrechts zu unterscheiden. Den Ausgangspunkt bildet die Erkenntnis, dass bestehende Sondernutzungsrechte aufgrund ihres absoluten Ausschluss- und Zuweisungsgehalts der Eigentumsgewährleistung nach Art. 14 Abs. 1 GG unterfallen.[195] Daher ist die Aufhebung oder signifikante Beschränkung eines bestehenden Sondernutzungsrechts – ebenso wie die Aufhebung eines Sonderrechts nach § 35 BGB[196] – grundsätzlich von der Zustimmung des Rechtsinhabers abhängig.[197] Demgegenüber kommt es für die Frage, ob auch die Begründung eines Sondernutzungsrechts der Zustimmung der nachteilig Betroffenen bedarf, auf eine wertende Betrachtung an, die maßgeblich auf die gesamten Umstände des konkreten Einzelfalls Bezug nehmen muss.[198]

---

192 BGH, Beschl. v. 4.5.1995 – V ZB 5/95, NJW 1995, 2036 (2037); vgl. weiterführend *Bińkowski*, Reichweite und Grenzen der Privatautonomie im Wohnungseigentumsrecht, 2011, S. 100 f.

193 BGH, Beschl. v. 22.1.2004 – V ZB 51/03, BGHZ 157, 322 (334 f.).

194 Zum Ganzen *Schüller*, RNotZ 2011, 203 (218 f.).

195 BVerfG, Beschl. v. 22.12.2004 – 1 BvR 1806/04, NZM 2005, 182 (183); *Hügel/Elzer*, WEG, 2015, § 13 Rn 45; *Lechner*, NZM 2005, 604 (610).

196 Dazu ausf. RGZ 80, 385 (389); MünchKomm/*Reuter*, BGB, 7. Auflage 2015, § 35 Rn 1 ff.; *K. Schmidt*, Gesellschaftsrecht, 4. Auflage 2002, § 19 II 2 b bb; *Beuthien*, ZGR 2014, 24 (26 ff.).

197 *Rapp*, DNotZ 2009, 335 (340); *Schüller*, RNotZ 2011, 203 (218); *Buck*, Mehrheitsentscheidungen mit Vereinbarungsinhalt im Wohnungseigentumsrecht, 2001, S. 80.

198 Vgl. *Schüller*, RNotZ 2011, 203 (219); *Buck*, Mehrheitsentscheidungen mit Vereinbarungsinhalt im Wohnungseigentumsrecht, 2001, S. 78; aA *Hügel*, DNotZ 2001, 176 (183); *Wenzel*, ZNotP 2004, 170 (171).

(4) Zustimmung

Ebenso wie im Gesellschaftsrecht kann der mitwirkungspflichtige Wohnungseigentümer seine Zustimmung ad hoc oder bereits im Vorfeld antizipiert in der Gemeinschaftsordnung erteilen.[199] Allerdings sind an die Bestimmtheit solcher antizipierten Zustimmungen hohe Anforderungen zu stellen. Speziell für die Zustimmung zu weiteren Belastungen von Wohnungseigentümern muss die Obergrenze einer durch die Mehrheit beschließbaren Leistungsvermehrung eindeutig bestimmbar sein. Umgekehrt kann der Wohnungseigentümer im Einzelfall auch zur Zustimmung nach den Grundsätzen der wohnungseigentumsrechtlichen Treuebindung verpflichtet sein.[200] In diesem Fall ist eine Zustimmungserteilung entbehrlich.

dd) Mehrheitsfähige Beschlussgegenstände

Alle übrigen Inhalte, die also weder gegen zwingendes Recht oder übergeordnete Grundsätze verstoßen noch der Zustimmung des Wohnungseigentümers bedürfen, können auf Grundlage einer einfachen Öffnungsklausel durch Mehrheitsbeschluss geregelt werden. Sie müssen allein einer ordnungsgemäßen Verwaltung entsprechen. Das ist insbesondere bei willkürlichen Beschlüssen zu verneinen, für die sich kein vernünftiger, sachlich einleuchtender Grund finden lässt.[201] Ob diesem Kriterium tatsächlich große praktische Bedeutung beschieden ist, bleibt zweifelhaft. Vielfach werden sich einschlägige Fallgestaltungen dogmatisch sauberer anhand des wohnungseigentumsrechtlichen Gleichbehandlungsgrundsatzes bewältigen lassen. Danach sind im Wesentlichen gleiche Sachverhalte gleich zu behandeln. Nur wenn ein rechtfertigender Sachgrund von einigem Gewicht vorliegt, ist auch eine unterschiedliche Behandlung zulässig.[202] Als weitere Schranke ist schließlich die wohnungseigentumsrechtliche Treuepflicht zu beachten.

---

199 Vgl. nochmals III 2 c bb (3).

200 Vgl. nochmals III 2 c bb (4).

201 Allgemein BVerfGE 1, 14 (52); für das Wohnungseigentumsrecht *Armbrüster*, ZWE 2013, 242 (244).

202 Vgl. etwa *Elzer*, MDR 2015, 1050 (1052).

ee) Vereinbarungen der Wohnungseigentümer

Auch und gerade im Rahmen der Inhaltskontrolle von Vereinbarungen der Wohnungseigentümer nach § 10 Abs. 2 S. 2 WEG sollte auf den Begriff der Kernbereichslehre aus den vorstehenden Gründen verzichtet werden. Gegenüber einer kunstgerechten Auslegung und Anwendung des geschriebenen Wohnungseigentumsrechts und übergesetzlicher Grundsätze hat die Lehre keinen Mehrwert. Stets sind es normative Wertungen, denen durch Anwendung zwingender Vorschriften des WEG und einer Anwendung der §§ 134, 138, 242 BGB zum Durchbruch zu verhelfen ist. Gerade für die Anwendung der bürgerlichrechtlichen Generalklausel fehlt der Kernbereichslehre jedwede Aussagekraft. Stets geht es um die Anwendung einfachen Gesetzesrechts und die Anwendung übergeordneter, aus den gesetzlichen Wertungen entwickelter Grundsätze. Insoweit gilt das zu indisponiblen Beschlussgegenständen Gesagte entsprechend.[203]

Abgesehen von der Inhaltskontrolle kommt in Ausnahmefällen weiterhin eine Ausübungskontrolle im Maßstab von Treu und Glauben, der wohnungseigentumsrechtlichen Treuepflicht und des Gleichbehandlungsgrundsatzes in Betracht.[204] Nach den allgemeinen Maßstäben müssen freilich hohe Hürden überwunden werden, um eine zwischen den Wohnungseigentümern getroffene Vereinbarung zu überspielen. Nur bei gravierenden Belastungen können sich die übrigen Wohnungseigentümer nach den Umständen des konkreten Einzelfalls nicht auf die Vereinbarung berufen.[205]

3. Dogmatische Einordnung der Mehrheitsbeschlüsse

Ein letzter Punkt soll an dieser Stelle noch zur Sprache kommen, der im Schrifttum sehr kontrovers diskutiert wird, und zwar die dogmatische Einordnung von Mehrheitsbeschlüssen auf Grundlage einer Öffnungsklausel.

---

203 Siehe nochmals oben IV 2 b bb.

204 Vgl. *Hügel/Elzer*, WEG, 2015, § 10 Rn 119; *Bińkowski*, Reichweite und Grenzen der Privatautonomie im Wohnungseigentumsrecht, 2011, S. 134 ff.

205 Vgl. BGH, Beschl. v. 22.1.2004 – V ZB 51/03, NJW 2004, 937 (938); OLG Frankfurt aM, Beschl. v. 28.1.2004 – 20 W 124/03, NZM 2004, 231 (232); BayObLG, Beschl. v. 25.10.2001 – 2Z BR 81/01, NZM 2002, 26.

Während die hM[206] solche Entscheidungen einheitlich als Beschlüsse qualifiziert, die den Sondernachfolger auch ohne Grundbucheintragung binden, steht die prominent vertretene Gegenauffassung[207] auf dem Stand, dass Mehrheitsbeschlüsse, die ansonsten durch Vereinbarung zu regelnde Inhalte betreffen, auch als (Mehrheits-)Vereinbarungen anzusehen sind, die den Nachfolger gem. § 10 Abs. 3 WEG nur nach Grundbucheintragung binden.

a) Beschlusscharakter

Auch wenn der Gegenauffassung zuzugeben ist, dass sie eine in sich geschlossene Lösung anbietet, die insbesondere die Zustimmungspflicht der am Wohnungseigentum dinglich Berechtigten bruchlos zu erklären vermag,[208] ist sie mit der lex lata gleichwohl nicht in Einklang zu bringen. Seit der WEG-Novelle von 2007 sind aufgrund einer Öffnungsklausel ergangene Entscheidungen zwingend als Beschlüsse einzuordnen, die nicht ins Grundbuch einzutragen sind.

Mit § 10 Abs. 4 S. 2 WEG ist nun – entgegen der früher hM[209] – klargestellt, dass aufgrund einer Vereinbarung gefasste Beschlüsse auch ohne Grundbucheintragung gegenüber dem Sondernachfolger wirken, wenn sie vom Gesetz oder einer Vereinbarung abweichen. Die Begründung zum Regierungsentwurf nimmt ausdrücklich auf die frühere – abweichende – Auffassung Bezug und lehnt ein Sonderrecht für gesetzes- und vereinba-

---

206 OLG München, Beschl. v. 13.11.2009 – 34 Wx 100/09, NJW 2010, 450; BeckOK/*Dötsch*, WEG, Stand: 1.2.2016, § 10 Rn 254; BeckOGK/*Falkner*, WEG, Stand: 1.12.2015, § 10 Rn 182 ff.; Bärmann/*Klein*, WEG, 13. Auflage 2015, § 10 Rn 147; *Armbrüster*, ZWE 2013, 242 f.; *Becker*, ZWE 2002, 341 (343 f.); *Müller*, ZMR 2011, 103 (105); *Schneider*, NotBZ 2008, 442 (447); *Schüller*, RNotZ 2011, 203 (220); *Wenzel*, FS Bub, 2007, S. 249 (260).

207 *Hügel/Elzer*, WEG, 2015, § 10 Rn 153 f.; *Hügel*, DNotZ 2001, 176 (187 ff.); *Hügel*, ZWE 2001, 578 (581 f.); *Hügel*, NotBZ 2004, 205 (208); *Böttcher*, NotBZ 2007, 421 (428); *Böttcher*, Rpfleger 2009, 181 (196); *Rapp*, DNotZ 2009, 342 (340 f.).

208 Siehe unten IV 3 b.

209 Weitnauer/*Lüke*, WEG, 9. Auflage 2005, § 10 Rn 51; *Hügel*, DNotZ 2001, 176 (191); *Ott*, ZWE 2001, 469; *Buck*, Mehrheitsentscheidungen mit Vereinbarungsinhalt im Wohnungseigentumsrecht, 2001, S. 108; *Wenzel*, FS Deckert, 2002, S. 517 (530).

rungsändernde Beschlüsse ausdrücklich ab.[210] Der Gesetzgeber rechnete mit einem verstärkten Aufkommen an Öffnungsklauseln und wollte der Gefahr entgegenwirken, »dass es zu einer Überlastung des Grundbuchamtes käme und damit dessen Funktionsfähigkeit beeinträchtigt würde«, da »weitere Eintragungen zu einer Unübersichtlichkeit und damit zu einer Minderung des Informationsgehalts des Grundbuchs« führten. Zudem sollte die Wohnungseigentümergemeinschaft auch von den mit zusätzlichen Eintragungen verbundenen Kosten (notarielle und gerichtliche Gebühren für die Beglaubigung von Unterschriften und die Eintragung in das Grundbuch) entlastet werden. Zudem sollten Unsicherheiten vermieden werden, die durch eine Abgrenzung von regulären Beschlüssen einerseits von gesetzes- und vereinbarungsändernden Beschlüsse andererseits zu besorgen seien. Auch die berechtigten Informationsinteressen des Erwerbers seien nach neuer Rechtslage hinreichend gewahrt, weil Öffnungsklauseln aus der Gemeinschaftsordnung und die aktuelle Beschlusslage durch Einsichtnahme in die neu geschaffene Beschlusssammlung nach § 24 Abs. 7 und 8 WEG leicht erkennbar seien.

Über diesen in den Materialien zur WEG-Novelle 2007 klar zum Ausdruck gebrachten gesetzgeberischen Willen setzt sich die Gegenauffassung in unzulässiger Weise hinweg. Auch wenn der Wille des Gesetzgebers keine unüberwindliche Hürde für die kunstgerechte Auslegung des einfachen Gesetzesrechts darstellt,[211] kommt eine Abweichung von den historischen Vorstellungen nur dann in Betracht, wenn diese mit dem aktuellen Stand der Dogmatik nicht (mehr) in Einklang zu bringen sind und eine neue, alternative Deutung mit den Wertungen der gesetzlichen Vorschriften besser harmoniert.[212] Das kann bei dem verhältnis-mäßig jungen § 10 Abs. 4 S. 2 WEG nicht angenommen werden. Auch die differenzierende Argumentation der Gegenauffassung, wonach auch Mehrheitsbeschlüsse aufgrund von Öffnungsklauseln im Beschlussbereich denkbar seien,[213] hilft nicht weiter, weil der Gesetzgeber gerade für Mehr-

---

210 Dazu und zum Folgenden, auch alle Zitate, Begr. RegE, BT-Drucks. 16/887, S. 20.

211 Vgl. *Fleischer*, AcP 211 (2011), 317 (333).

212 So schon *Lieder*, Die rechtsgeschäftliche Sukzession, 2015, S. 13; allgemein zum Problemkreis *Larenz*, Methodenlehre der Rechtswissenschaft, 6. Auflage 1991, S. 316 ff., insb. S. 318; *Bydlinski*, Juristische Methodenlehre und Rechtsbegriff, 2. Auflage 1991, S. 428 ff., 436, 449 f., 453.

213 So *Hügel/Elzer*, WEG, 2015, § 10 Rn 154.

heitsbeschlüsse im Vereinbarungsbereich eine ausdrücklich abweichende Regelung getroffen hat. Außerdem bringt § 10 Abs. 4 S. 1 WEG klar zum Ausdruck, dass die Öffnungsklausel eine dogmatische Evolution der Entscheidungsform von der Vereinbarung zu einem Beschluss bewirkt.[214]

Außerdem ermöglicht das Selbstorganisationsrecht den Wohnungseigentümern, die Entscheidungsform durch Kompetenzverschiebungen in privatautonomer Machtvollkommenheit nach ihren eigenen Vorstellungen auf Grundlage des § 10 Abs. 2 S. 2 WEG durch Schaffung einer Öffnungsklausel zu verändern.[215] Die von der Gegenauffassung hiergegen geäußerte Kritik dringt nicht durch. Vielmehr müssen sich die Gegenstimmen fragen lassen, was es mit einer Mehrheitsvereinbarung auf sich hat, die zwar alle Wohnungseigentümer binden soll, aber nur durch eine (einfache oder qualifizierte) Mehrheit ins Werk gesetzt wird. Nicht nur das Institut der Mehrheitsvereinbarung, sondern auch die Differenzierung nach unterschiedlichen Beschlusskategorien mit abweichenden Inhalten ist dem WEG fremd.[216] Sie sind auch in der Sache abzulehnen, trügen sie doch ohne Not Rechtsunsicherheit in die Binnenorganisation der Wohnungseigentümergemeinschaft hinein. Gleiches gilt für die mit der Gegenauffassung verbundenen Verwerfungen bei der Geltendmachung von Entscheidungsmängeln.[217]

b) Zustimmung dinglich Berechtigter

Einig ist man sich im Ausgangspunkt darüber, dass im Rahmen der Entscheidungsfindung aufgrund einer Öffnungsklausel entweder bei Schaffung der Öffnungsklausel als solcher oder bei der Beschlussfassung eine Zustimmung der dinglich Berechtigten am Wohnungseigentum erforderlich ist.[218] Der korrekte Ansatzpunkt ist vor allem bei der nachträglichen

---

214 Zum Argument der Gegenauffassung *Hügel*, ZWE 2001, 578 (581).

215 Vgl. auch BeckOGK/*Falkner*, WEG, Stand: 1.12.2015, § 10 Rn 182.

216 *Armbrüster*, ZWE 2013, 242 (243); BeckOGK/*Falkner*, WEG, Stand: 1.12.2015, § 10 Rn 183.

217 Dazu näher BeckOK/*Dötsch*, WEG, Stand: 1.2.2016, § 10 Rn 256.

218 BeckOGK/*Falkner*, WEG, Stand: 1.12.2015, § 10 Rn 184; *Hügel*, NotBZ 2004, 205 (209).

Einführung der Öffnungsklausel heftig umstritten.[219] Zum Teil wird die Einführung der Öffnungsklausel als zustimmungspflichtig angesehen,[220] während andere den aufgrund der Öffnungsklausel gefassten Mehrheitsbeschluss für zustimmungspflichtig erachten.[221]

Eine Zustimmung dinglich berechtigter Dritter analog §§ 876, 877 BGB setzt voraus, dass sich der Inhalt des Rechts ändert. Dafür reicht es nicht aus, dass eine Inhaltsänderung durch einen späteren Mehrheitsbeschluss nach Schaffung der Öffnungsklausel lediglich möglich ist.[222] Denn in diesem Zeitpunkt ist gerade bei einer allgemeinen Mehrheitsklausel noch vollkommen unklar, welche Regelung die Wohnungseigentümer später treffen werden. Erst wenn die Inhaltsänderung daher durch die konkrete Beschlussfassung hinreichende Gestalt angenommen hat, kommt eine Zustimmung analog §§ 876, 877 BGB überhaupt in Betracht. Die Schaffung einer Öffnungsklausel bedarf demnach keiner Zustimmung Dritter.

Ist hingegen mit der konkreten Beschlussfassung eine Inhaltsänderung verbunden, bedarf es zu deren Wirksamkeit analog §§ 876, 877 BGB der drittseitigen Zustimmung. Dieses Ergebnis lässt sich leicht begründen, wenn man – mit der Gegenauffassung[223] – den Beschluss als Mehrheitsvereinbarung ansieht und daher analog § 10 Abs. 3 WEG seine Eintragung in das Grundbuch befürwortet. Aber auch auf Grundlage der hM müssen

219 Für den Fall, dass die Öffnungsklausel in der ursprünglichen Gemeinschaftsordnung enthalten ist, siehe BeckOGK/*Falkner*, WEG, Stand: 1.12.2015, § 10 Rn 185 f.

220 OLG München, Beschl. v. 13.11.2009 – 34 Wx 100/09, NJW 2010, 450;BeckOGK/*Falkner*, WEG, Stand: 1.12.2015, § 10 Rn 188; *Becker*, ZWE 2002, 341 (345); *Hügel/Elzer*, NZM 2009, 457 (460 f.); *Schmack*, ZWE 2001, 89 (91); *Schüller*, RNotZ 2011, 203 (221); *Stöhr*, RNotZ 2016, 137 (151); aA OLG Düsseldorf, Beschl. v. 30.1.2004 – 3 Wx 329/03, ZMR 2004, 284 (285); *Armbrüster*, ZWE 2013, 242 (243); *Gaier*, ZWE 2005, 39 (42); *Hügel*, ZWE 2002, 503 (505); *Ott*, ZWE 2001, 466 (467); *Schneider*, Rpfleger 2002, 503 (504); *Wenzel*, ZWE 2004, 130 (134).

221 BeckOK/*Dötsch*, WEG, Stand: 1.2.2016, § 10 Rn 267; Bärmann/*Klein*, WEG, 13. Auflage 2015, § 10 Rn 149 f.; *Armbrüster*, ZWE 2013, 242 (243); *Sauren*, ZMR 2008, 514 (516); aA *Schneider*, NotBZ 2008, 442 (452); *Häublein*, Sondernutzungsrechte und ihre Begründung im Wohnungseigentumsrecht, 2003, S. 223 ff.

222 Allgemein Staudinger/*Gursky*, BGB, 2012, § 877 Rn 58; vgl. zum WEG OLG Düsseldorf, Beschl. v. 30.1.2004 – 3 Wx 329/03, ZMR 2004, 284 (285); *Armbrüster*, ZWE 2013, 242 (243); *Schneider*, ZMR 2004, 286 (287).

223 Siehe nochmals oben IV 3 a.

sich die materiellen Interessen gegenüber der dogmatischen Konstruktion durchsetzen. Die besondere Schutzbedürftigkeit dinglich berechtigter Dritter bricht sich auch für den Fall Bahn, dass sich die Wohnungseigentümer zur Entscheidung über Vereinbarungsangelegenheiten unter Ausnutzung ihres Selbstorganisationsrechts der Beschlussform bedienen. Durch den Wechsel der Entscheidungsform sollen sie sich nicht den materiellrechtlichen Bindungen des bürgerlichrechtlichen Sachenrechts entziehen können, auch wenn Beschlüsse der Wohnungseigentümer-versammlung regelmäßig keiner Zustimmung Dritter bedürfen.

Soweit hiergegen geltend gemacht wird, dass mangels Eintragung des Beschlusses ins Grundbuch keine »Verdinglichung« erfolge und es sich daher nicht um eine sachenrechtlich relevante Inhaltsänderung handele,[224] wird verkannt, dass Beschlüsse auch ohne Grundbucheintragung quasidingliche Wirkung entfalten, da sie jedenfalls den Nachfolger binden. Entscheidend ist demnach nicht die Grundbucheintragung – jedenfalls bedarf es keiner grundbuchrechtlichen Bewilligung iSd. § 29 GBO[225] –, sondern die tatsächliche Betroffenheit des Dritten durch die Beschlussfassung, die sich nach ihrem materiellen Inhalt gerade gesetzes- oder vereinbarungsändernd auswirkt und daher in materiellrechtlicher Hinsicht sehr wohl zu einer Änderung des Rechtsinhalts iSd. §§ 876, 877 BGB führt.

V. Zusammenfassung des wesentlichen Ertrags in Thesen

Die Behandlung von Öffnungs- und Mehrheitsklauseln steht im Kontext des Makrothemas der Reichweite und Schranken der Gestaltungsfreiheit im Wohnungseigentums- und Gesellschaftsrecht. Es geht letztlich um die Auflösung des Spannungsverhältnisses zwischen der Funktionsfähigkeit von Personenverbänden aufgrund von Mehrheitsbeschlüssen und einer effektiven Gewährleistung von Individual- und Minderheitenschutz.

Der V. Zivilsenat des BGH bedient sich im Wohnungseigentumsrecht im Rahmen der materiellen Inhaltskontrolle der Gemeinschaftsordnung und von Mehrheitsbeschlüssen aufgrund von Öffnungsklauseln der Kern-

224 So BeckOGK/*Falkner*, WEG, Stand: 1.12.2015, § 10 Rn 187.

225 Zutreffende Differenzierung bei BeckOK/*Dötsch*, WEG, Stand: 1.2.2016, § 10 Rn 257.

bereichslehre. Der Bestimmtheitsgrundsatz spielt in seiner Rechtsprechung seit jeher keine Rolle.

Der II. Zivilsenat hat sich mit BGHZ 203, 77 vom Bestimmtheitsgrundsatz verabschiedet und ist auch zur Kernbereichslehre auf Distanz gegangen. Das weitere Schicksal der Kernbereichslehre im Gesellschaftsrecht ist offen.

Ein Vergleich der Rechtsprechungslinien lässt deutliche Parallelen und bemerkenswerte Konvergenzbewegungen erkennen. Das gilt sowohl für die Adaption des Zwei-Stufen-Modells, bestehend aus einer formellen Legitimation des Mehrheitswillens und einer nachgelagerten materiellen Beschlusskontrolle, als auch für die inhaltlichen Anforderungen auf beiden Prüfungsstufen. Allein der Prüfungsmaßstab auf der zweiten Stufe ist nicht abschließend geklärt.

Die Binnenstruktur der Wohnungseigentümergemeinschaft und der (Personen)Gesellschaft weisen signifikante Parallelen auf: Die Wohnungseigentümergemeinschaft ist verbandsmäßig organisiert, ihre Gemeinschaftsordnung ist Ausdruck ihres Selbstorganisationsrechts. Dies erlaubt eine wechselseitige Übertragung von Struktur- und Wertungsargumenten auch und gerade bei der materiellen Inhaltskontrolle von Mehrheitsbeschlüssen.

Der Bestimmtheitsgrundsatz hat im Gesellschafts- und Wohnungseigentumsrecht keine Zukunft.

Die Kernbereichslehre hat der II. Zivilsenat des BGH nur als Begrifflichkeit, nicht aber ihrem sachlichen Gehalt nach aufgegeben. Diese Neuausrichtung ist im Ergebnis zu begrüßen. Aus dem Kernbereich können keine unmittelbaren Rechtsfolgen abgeleitet werden. Vielmehr taugt der Begriff allenfalls als Sammelbezeichnung für die durch kunstgerechte Anwendung des gesellschaftsrechtlichen Gesamtsystems gewonnenen Gestaltungsschranken.

Im Rahmen der materiellen Beschlusskontrolle ist eine Dreiteilungvorzunehmen: (1.) Indisponible Beschlussgegenstände sind einer privatautonomen Regelung schlichtweg entzogen. (2.) Zustimmungspflichtige Beschlussgegenstände bedürfen der Zustimmung des nachteilig betroffenen Gesellschafters. (3.) Mehrheitsfähige Beschlüsse sind am Maßstab der Treuepflicht und des Gleichbehandlungsgrundsatzes zu messen.

Welche Fallgruppe einschlägig ist, bestimmt sich nicht abstraktgenerell nach der Kernbereichslehre, sondern nach einer einzelfallgeleiteten Anwendung der Rechtsvorschriften und der ungeschriebenen gesellschaftsrechtlichen Struktur- und Wertungsprinzipien. Zudem sind sämtliche Umstände des konkreten Einzelfalls zu berücksichtigen, namentlich

Gesellschaftsform, Realtypik und Gesellschaftszweck sowie die Schutzwürdigkeit und Schutzbedürftigkeit des Betroffenen.

Zu den indisponiblen Beschlussgegenständen gehören zB der Ausschluss des Kündigungsrechts (§ 723 Abs. 3 BGB) und des Rechts zur Geltendmachung von Beschlussmängeln (§ 138 Abs. 1 BGB), nicht aber die Aufhebung der Übertragbarkeit von Gesellschaftsanteilen (§§ 399 Alt. 2, 413 BGB) und der Ausschluss des Stimmrechts.

Zu den mitwirkungspflichtigen Beschlussgegenständen zählen zB die Aufhebung des »Vetorechts« des Gesellschafters bei der Anteilsübertragung und die Beitragsvermehrung (§ 707 BGB). Die Zustimmung des Betroffenen kann auch antizipiert erteilt werden; dafür muss sich aber das Ausmaß einer durch die Mehrheit zu beschließenden Regelung eindeutig bestimmen lassen. Eine Zustimmung ist im Einzelfall entbehrlich, wenn der Betroffene aufgrund seiner gesellschaftsrechtlichen Treuepflicht zur Zustimmung verpflichtet ist.

Die materielle Beschlusskontrolle im Wohnungseigentumsrecht sollte sich an dem zum Gesellschaftsrecht entwickelten System orientieren. Insbesondere kann auf eine materielle Beschlusskontrolle nicht vollständig verzichtet werden.

Zu den indisponiblen Beschlussgegenständen gehören zB die Mindestanforderungen an die Ladung zur Wohnungseigentümerversammlung (§ 24 Abs. 4 WEG) und der Ausschluss des Rechts zur Geltendmachung von Beschlussmängeln (§ 138 Abs. 1 BGB), nicht aber – entgegen BGH – der Ausschluss des Stimmrechts.

Zu den mitwirkungspflichtigen Beschlussgegenständen zählen zB das Belastungsverbot und substanzielle Beeinträchtigungen der Nutzung des Wohnungseigentums. Die – hinreichend konkrete – Zustimmung des Betroffenen kann auch antizipiert erteilt werden oder wegen Treuepflichtverstoßes entbehrlich sein.

Entscheidungen aufgrund einer Öffnungsklausel sind einheitlich als Beschlüsse zu qualifizieren, die den Sondernachfolger auch ohne Grundbucheintragung binden.

Am Wohnungseigentum dinglich Berechtigte müssen zwar nicht der Schaffung einer Öffnungsklausel analog §§ 876, 877 BGB zustimmen, wohl aber dem daraufhin gefassten Mehrheitsbeschluss, soweit jener mit einer Inhaltsänderung verbunden ist.

Die Abgrenzung von Sonder- und Gemeinschaftseigentum durch den BGH und deren Folgen für die notarielle Gestaltungspraxis

Martin Häublein[*]

I. Einführung

Bekanntlich lehnten die Verfasser des BGB die Eigentumsform, die heute in Deutschland und Österreich als Wohnungseigentum, in der Schweiz hingegen als Stockwerkeigentum bekannt ist, ab. Mit dem 1. Januar 1900 wurde die Neubegründung von eigentlichem (»echtem«) Stockwerkseigentum ausgeschlossen (Art. 189 Abs. 1 S. 3 EGBGB). Man wollte dem Entstehen weiterer »Streit- und Händelhäusern« – als solche waren Liegenschaften, an denen Stockwerkseigentum bestand, verschrien – begegnen. Ein Grund dieses schlechten Leumunds war die mangelnde Abgrenzung der einzelnen Sphären voneinander. Es liegt auf der Hand, dass das bei einem Zusammenleben in einem Gebäude ohnehin reich vorhandene Konfliktpotenzial wächst, wenn die individuellen Bereiche nicht hinreichend klar voneinander oder von den allgemeinen Teilen der Liegenschaft abgegrenzt sind.

Infolge dessen lag dem Gesetzgeber der Nachkriegszeit bei Schaffung des WEG dieser Punkt besonders am Herzen. Das Abgeschlossenheitserfordernis (§§ 3 Abs. 2, 7 Abs. 4 WEG) ist Ausdruck dieses Bestrebens.[1] Aber auch § 5 Abs. 2 WEG, der Teile des Gebäudes, die für jeden Miteigentümer von Bedeutung sind, zwingend der gemeinschaftlichen Sphäre zuweist, verhindert ebenso wie § 5 Abs. 1 WEG, dass Gegenstände von überindividuellem Interesse in der Hand eines oder mehrerer Miteigentü-

* Prof. Dr. Martin Häublein ist Ordinarius an der Universität Innsbruck und Vizepräsident des ESWiD, Mitglied im wissenschaftlichen Beirat des DNotI sowie des ZIA und gehört zur Arbeitsgruppe „Bauträgervertragsrecht“ des BMJV. Dieser Betrag ist bereits in notar 2016, 179-187 erschienen.

1 GemS-OGB, BGHZ 119, 42, 51.

mer monopolisiert werden.[2] Der Abhängigkeit des Einzelnen bei der Nutzung und Versorgung seiner Einheit vom Wohlwollen eines anderen Eigentümers wird auf diese Weise ebenso vermieden wie Streit darüber, in welchem Umfang der »Monopolist« berechtigt ist, von der in seinem Eigentum stehenden Anlage oder Einrichtung (eigennützigen) Gebrauch zu machen, oder u.U. sogar verpflichtet ist, anderen Zugang zu gewähren oder sein Eigentum im Interesse anderer zur erhalten oder gar zu verbessern. Diese Grundentscheidung des Gesetzes, die der BGH auch auf Räume anwendet,[3] muss man nicht nur bei der Abgrenzung von Sonder- und Gemeinschaftseigentum im Auge haben. Sie spielt auch bei der Begründung von Sondernutzungsrechten eine Rolle.[4]

Allerdings lässt der BGH das Ziel, allen Eigentümern die gemeinsame Herrschaft an den genannten Gegenständen zu erhalten, zurücktreten, wenn diese, wie es insbesondere bei Heizungsanlagen vorkommt, dafür bestimmt und ausgelegt sind, außer den Einheiten in der betreffenden Wohnungseigentümergemeinschaft weitere Gebäude zu versorgen.[5] Auch schließt § 5 Abs. 2 WEG das Eigentum Dritter an solchen Anlagen und Einrichtungen nicht aus, die als Scheinbestandteile i.S.v. § 95 Abs. 1 S. 1 oder 2 BGB etwa dann im Eigentum eines Unternehmers (Wärmecontractor etc.) stehen, wenn dieser sie in das Gebäude auf der Grundlage eines befristeten Versorgungsvertrages eingefügt hat. Derartige Konstellationen, in denen es nicht um zum gemeinschaftlichen Gebrauch bestimmte wesentliche Gebäudebestandteile geht, sind ebenso wenig Gegenstand der folgenden Überlegungen, wie Zubehör (z.B. Rauchwarnmelder), das als bewegliche Sache im Eigentum einzelner Wohnungseigentümer oder aber der rechtsfähigen Gemeinschaft stehen kann.

---

2 Vgl. dazu etwa BGH NJW 1991, 2909; Bärmann/*Armbrüster*, WEG, 13. Aufl. 2015, § 5 Rn. 26.

3 BGHZ 73, 302, 311.

4 *Häublein*, Sondernutzungsrechte und ihre Begründung im Wohnungseigentumsrecht, 2003, S. 108 ff.

5 BGH NJW 1975, 688, 689.

II. Gesetzliche Vorgaben und Relevanz der Abgrenzung

Nach § 1 Abs. 5 WEG sind gemeinschaftliches Eigentum neben dem Grundstück die Teile, Anlagen und Einrichtungen des Gebäudes, die nicht im Sondereigentum oder im Eigentum eines Dritten stehen. Die entscheidende Frage lautet: Was gehört zum Sondereigentum?

1. Sondereigentum als Raumeigentum

Hierzu äußert sich § 1 Abs. 3 WEG insofern, als es sich um »Räume eines Gebäudes« handeln muss, die nicht Wohnzwecken dienen (sog. Teileigentum). Dienen solche Räume Wohnzwecken, umschreibt das Gesetz das Sondereigentum zwar lapidar mit dem Wort »Wohnung« (§ 1 Abs. 2 WEG; s. auch § 3 Abs. 1 WEG). Auch damit werden jedoch primär Räume zum Gegenstand der Individualsphäre erklärt, wie sich neben dem systematischen Zusammenspiel der genannten Vorschriften aus § 5 Abs. 1 WEG ergibt, wo von den »gemäß § 3 Abs. 1 WEG bestimmten Räumen« die Rede ist. Welche Räume Gegenstand des Sondereigentums sind, legen die aufteilenden Eigentümer im Teilungsvertrag nach § 3 WEG fest. Alternativ kann die Festlegung in der Teilungserklärung nach § 8 WEG erfolgen, was in der Praxis die Regel ist.

Das Gesetz lässt dabei Spielraum für privatautonom getroffene Festlegungen. So können die Wohnungseigentümer auch solche Räume zu einer Sondereigentumseinheit zusammenfassen, die räumlich keine Verbindung zueinander haben. Hierbei kann es sich um einzelne Räume (Keller, Abstellraum im Dach etc.) handeln, die einer Wohnung zugeschlagen werden, aber auch mehrere räumlich nicht verbundene Wohnungen können zu einer Wohnungseigentumseinheit rechtlich zusammengefasst, z.B. um zu versuchen, bei einer Veräußerung einen gewerblichen Grundstückshandel zu vermeiden.[6] Auch der Raumbegriff wird großzügig verstanden und den Bedürfnissen der Praxis dadurch Rechnung getragen. So fingiert § 3 Abs. 2 S. 2 WEG die Raumeigenschaft von dauerhaft markierten Kfz-Stellplätzen in Garagen. Bei Balkonen und Dachterrassen genügen der

---

6 Zur „Drei-Objekte-Grenze" der Rechtsprechung s. etwa *Schallmoser*, in: Spiegelberger/Schallmoser, Die Immobilie im Zivil- und Steuerrecht, 2. Aufl. 2015, Rn. 11.2.

ganz h.M. die durch die Brüstungen bestimmbaren Grenzen derartiger »Räume«, selbst wenn eine Begrenzung nach oben fehlt.[7]

Der Raum ist mangels Körperlichkeit an sich keine Sache i.S.v. § 90 BGB. Die Erstreckung des Eigentumsbegriffs durch das WEG erscheint aber gerechtfertigt, weil und insoweit der Raum durch seine äußeren Grenzen umschlossen und damit für den Rechtsverkehr beherrschbar ist.[8] Gleichwohl darf man das Raumerfordernis nicht mit dem der Abgeschlossenheit gleichsetzen. Dabei handelt es einerseits um eine inhaltliche Anreicherung, weil Abgeschlossenheit nicht nur räumliche Begrenzung erfordert, sondern auch eine Zugangsmöglichkeit und eine bestimmte Ausstattung.[9] Andererseits statuiert § 3 Abs. 2 WEG das Abgeschlossenheitserfordernis nur in einer Soll-Vorschrift. Verstöße führen also nicht zur Unwirksamkeit der Wohnungseigentumsbegründung,[10] während die Raumqualität zwingende Voraussetzung für das Entstehen von Sondereigentum ist.[11]

Wird ein noch nicht bebautes Grundstück geteilt, entsteht Sondereigentum daher erst mit Herstellung der jeweiligen Wohnung bzw. Teileigentumseinheit, nach Ansicht des BGH aber spätestens mit der Herstellung des Gebäudes.[12] Nach einhelliger Ansicht kann die Eintragung von Wohnungseigentum im Grundbuch aber bereits vor Errichtung des Gebäudes erfolgen.

2. Zu den Räumen gehörende Gebäudebestandteile

§ 5 Abs. 1 WEG erstreckt das Sondereigentum auf die zu den Räumen gehörenden Bestandteile des Gebäudes, die verändert, beseitigt oder einge-

---

7 OLG München ZWE 2012, 37; s. auch BGHZ 184, 88 Rn. 22; Riecke/Schmid/*Schneider*, WEG, 4. Aufl. 2015, § 5 Rn. 37; zur a.A. *Hügel/Elzer*, WEG, 2015, § 3 Rn. 32; Staudinger/*Rapp*, WEG, 2005, § 5 Rn. 7.

8 *Hügel/Elzer*, § 3 Rn. 28 ff. m. Nachw. zu den umstr. Details.

9 Vgl. hierzu Nr. 5 der Allg. Verwaltungsvorschrift für die Ausstellung von Bescheinigungen gem. § 7 Abs. 4 Nr. 2 und § 32 Abs. 2 Nr. 2 WEG v. 19.3.1974 (kurz: AVA).

10 S. hierzu die amtl. Begr. zu § 3 WEG, BR-Dr Nr. 75/1951; BGHZ 177, 338 Rn. 12; NJW 1990, 1111, 1112.

11 Dazu statt vieler nur *Rapp*, Partner im Gespräch (PiG), Bd. 93 (2012), S. 27, 32.

12 BGHZ 110, 36, 38; 177, 338 Rn. 9.

fügt werden können, ohne dass dadurch das gemeinschaftliche Eigentum oder ein auf Sondereigentum beruhendes Recht eines anderen Wohnungseigentümers über das nach § 14 WEG zulässige Maß hinaus beeinträchtigt oder die äußere Gestaltung des Gebäudes verändert wird. Es handelt sich hierbei um Gegenstände i.S.v. § 90 BGB, d.h. das Eigentum an den Räumen erhält erst durch diese Erstreckung körperliche Substanz, während die Räume für sich genommen eine solche nicht aufweisen und sich das WEG insofern mit der durch das Bauwerk begründeten Beherrschbarkeit des eingeschlossenen Luftraums begnügt (s.o. 1.). Die Existenz von Bestandteilen i.S.v. § 5 Abs. 1 WEG wird nicht gefordert, d.h. auch ein Raum, der nur von zwingendem Gemeinschaftseigentum umgeben ist, ist sondereigentumsfähig.

Bestandteil i.S.v. § 5 WEG sind nur wesentliche Bestandteile gemäß §§ 93 f. BGB, weshalb auch nur solche Gegenstand des Sondereigentums (und des gemeinschaftlichen Eigentums) nach dem WEG sein können (siehe dazu auch bereits oben, sub I. a.E.).[13] Nicht abschließend geklärt ist, unter welchen Voraussetzungen die Gebäudebestandteile zu den Räumen »gehören«. Man kann den Begriff – mehr oder weniger streng – räumlich verstehen oder (baulich-) funktional, mit der Folge, dass auch außerhalb der Räume gelegene Gebäudebestandteile, die (ihrer Konstruktion nach) allein diesen dienen, selbst dann Sondereigentum sein können, wenn sie keine räumliche Nähe zu den Räumen aufweisen (näher dazu sub IV.).

Sondereigentumsfähig sind zu den Räumen gehörende (wesentliche) Gebäudebestandteile nach § 5 Abs. 1 WEG nur dann, wenn sie verändert, beseitigt oder eingefügt werden können, ohne dass dadurch das gemeinschaftliche Eigentum oder ein auf Sondereigentum beruhendes Recht eines anderen Wohnungseigentümers über das nach § 14 WEG zulässige Maß hinaus beeinträchtigt oder die äußere Gestaltung des Gebäudes verändert wird. Auch hier folgt das Gesetz dem bereits oben (sub I.) angesprochenen Prinzip, das der wechselseitigen Abhängigkeit mehrerer Wohnungseigentümer von bestimmten Gegenständen durch zwingende Zuweisung zur gemeinschaftlichen Sphäre Rechnung trägt. Um diesem Grundsatz umfassend zu genügen, ist § 5 Abs. 1 WEG teleologisch so zu verstehen, dass Gebäudebestandteile nur dann zum Sondereigentum gehören,

13 BGHZ 73, 302, 308; *Hügel/Elzer*, § 5 Rn. 8; Staudinger/*Rapp*, § 5 Rn. 19 (ganz h.M.).

wenn sie ohne Beeinträchtigung i.S.v. § 14 WEG beseitigt, verändert *und* (nicht: oder) eingefügt werden können.[14]

Die äußere Gestaltung wird von § 5 Abs. 1 WEG als mögliche ästhetische Beeinträchtigung besonders hervorgehoben; zumindest erhebliche Veränderungen des äußeren Erscheinungsbildes fallen darüber hinaus als etwaiger Nachteil bereits in den Anwendungsbereich des § 14 WEG.[15] Teilweise wird sogar jede »Veränderung der optischen Gestaltung des Gemeinschaftseigentums« unter § 14 WEG subsumiert,[16] was abzulehnen ist, weil es zur Folge hat, dass die Erwähnung in § 5 Abs. 1 WEG redundant ist.

§ 5 Abs. 2 WEG – er schließt Sondereigentum auch für bestimmte Gebäudeteile im räumlichen Bereich der Wohnung aus – ist seinem Wortlaut nach und systematisch als Ausnahme zu Abs. 1 angelegt, hat aber für Gebäudebestandteile deswegen eine eher geringe Bedeutung, weil bei den für den Bestand und die Sicherheit des Gebäudes relevanten Teilen bereits die Voraussetzungen des ersten Absatzes nicht vorliegen. Solche Teile können nämlich ebenso wenig ohne Nachteil für andere Eigentümer verändert, beseitigt oder eingefügt werden, wie Anlagen und Einrichtungen, die dem gemeinschaftlichen Gebrauch dienen. Man wird die Norm daher zunächst einmal als Bestätigung und Verstärkung des Grundsatzes verstehen müssen, nach dem sich eine überindividuelle Bedeutung eines Bestandteils in dessen Zuweisung an das gemeinschaftliche Eigentum niederschlägt. Zu Recht wird sie daher von der ganz h.M.,[17] in konsequenter Fortführung dieses Gedankens, auch auf Räume angewendet, für die § 5 Abs. 1 WEG diese Grenze der Sondereigentumsfähigkeit nicht formuliert. Räume, die als Zu- oder Durchgang dem gemeinschaftlichen Gebrauch unterliegen, sind daher grundsätzlich nicht sondereigentumsfähig. Ausnahmen werden allerdings zugelassen, wenn der Raum seiner Beschaffenheit nach nicht dem ständigen Mitgebrauch der anderen Wohnungseigentümer dient[18] oder nur als Zugang zum nichtüberbauten Grundstück dient.[19]

---

14 Zutr. *Kümmel*, FS Merle, 2010, 207, 214.

15 S. dazu etwa BGHZ 196, 45 Rn. 5 m.w.N.

16 *Kümmel*, FS Merle, 2010, 207, 213.

17 BGHZ 73, 302, 311; NJW 1991, 2909; Bärmann/*Armbrüster*, § 5 Rn. 26; *Hügel/Elzer*, § 5 Rn.17.

18 Bärmann/*Armbrüster*, § 5 Rn. 48.

19 OLG Hamm ZWE 2001, 338, 339 f.

3. Praktische Bedeutung der Zuordnung zu den einzelnen Sphären

Die Zuordnung von Räumen und Gebäudebestandteilen zum Sonder- oder Gemeinschaftseigentum wirkt sich einerseits auf die Nutzungsbefugnis aus; denn diese regelt § 13 WEG in Anknüpfung an diese beiden unterschiedlichen Eigentumssphären. Allerdings folgt die alleinige Gebrauchsmöglichkeit zugunsten eines Eigentümers oft bereits aus den äußeren Umständen, etwa, wenn bestimmte Leitungen nur seine Einheit versorgen oder ein Balkon nur von dieser aus zugänglich ist.

Anders verhält es sich mit der Erhaltung und/oder Veränderung der Gebäudebestandteile. Von großer praktischer Relevanz sind insbesondere die Instandhaltungsverantwortlichkeit und die Kostentragungspflicht, die an das Eigentum und nicht an die Gebrauchsmöglichkeit anknüpfen (s. §§ 16 Abs. 2, 21 Abs. 5 Nr. 2 WEG). Hinsichtlich der baulichen Veränderung bewirkt der Verweis auf § 14 WEG in § 22 Abs. 1 WEG dann allerdings wieder eine gewisse Konvergenz in der rechtlichen Beurteilung.[20]

III. Aktuelle Rechtsprechung des BGH zur Abgrenzung der Eigentumssphären

Im Folgenden sollen die wichtigsten Aussagen des BGH zur Abgrenzung von Sonder- und Gemeinschaftseigentum aus jüngerer Zeit dargestellt werden. Der »Berichtszeitraum« beträgt dabei ungefähr fünf Jahre. Am Anfang steht allerdings, neben einer aktuellen, die »Luftschranken«-Entscheidung des BGH aus dem Jahr 2008, weil sie das Raumerfordernis betrifft und damit die Entstehungsvoraussetzungen für das Sondereigentum überhaupt.

1. BGH v. 18. Juli 2008 (V ZR 97/07) und 20. November 2015 (V ZR 284/14)

In dem Urteil aus dem Jahr 2008 war über den Herausgabeanspruch eines Wohnungseigentümers bezüglich eines Raumes zu entscheiden, der nach

---

20 In diesem Sinn auch *Kümmel*, FS Merle, 2010, 207, 212 f.

dem Aufteilungsplan, auf den sich die Teilungserklärung bezog, zu seiner Wohnung gehörte. Tatsächlich war dieser Raum Bestandteil einer Nachbarwohnung. Zu klären war zunächst, ob angesichts der abweichenden Bauausführung überhaupt Sondereigentum entstand. Hierzu stellt der V. Zivilsenat in Bestätigung früher Judikatur fest: Abweichungen der Bauausführung vom Aufteilungsplan berühren das Entstehen des Sondereigentums solange nicht, wie dessen Abgrenzung gegen das Gemeinschaftseigentum und anderes Sondereigentum in dem Gebäude nicht unmöglich ist.[21]

Sodann bezieht der BGH zur strittigen Frage Position, ob Sondereigentum eine tatsächliche räumliche Abgeschlossenheit voraussetzt. Insofern schließt er sich der Ansicht an, nach der Sondereigentum an einem Raum auch dann entstehen kann, wenn es an einer tatsächlichen Abgrenzung des Raums gegen fremdes Sondereigentum fehlt, sofern nur die Begrenzung nach dem Aufteilungsplan und der Bauausführung eindeutig ist (sog. »Luftschranken«).[22]

Die Abgrenzung des Sondereigentums vom gemeinschaftlichen Eigentum und vom anderen Sondereigentum erfolge nach dem Aufteilungsplan, der an die Stelle der Vermessung und katastermäßigen Erfassung trete. Dadurch werde nicht nur die sachenrechtlich notwendige Bestimmtheit gewährleistet, sondern auch die Wohnungseigentümer geschützt, die sich auf den Erwerb des im Aufteilungsplan festgehaltenen Sondereigentums verlassen können sollen. Sofern die Eintragung des Sondereigentums im Grundbuch erfolge, entstehe dieses auch dann, wenn es tatsächlich an der von § 3 Abs. 2 S. 1 WEG geforderten Abgeschlossenheit fehle; ebenso bestehe das Sondereigentum bei nachträglichem Wegfall selbiger fort.[23]

Diese »Luftschranken«-Judikatur setzte der BGH fort und befand 2015 darüber, ob der Eigentümer eines nicht dem Aufteilungsplan entsprechenden Kellers von der Gemeinschaft nachträgliche Herstellung der im Aufteilungsplan vorgesehenen Kellerwand auf deren Kosten verlangen kann. Der V. Senat betont, nicht die Bauausführung, die aus dem Grundbuch nicht ersichtlich sei, sondern der Aufteilungsplan sei für die Abgrenzung von Sonder- und Gemeinschaftseigentum maßgeblich. Auf das Ausmaß der Abweichung der tatsächlichen Bauausführung vom Aufteilungsplan

21 BGHZ 177, 338 Rn. 9 m. Hinw. auf BGH NJW 2004, 1798.

22 BGHZ 177, 338 Rn. 12. Instr. dazu DNotI-Report 6/2015, 41.

23 BGHZ 177, 338 Rn. 12 ff.

komme es dabei nicht entscheidend an, weshalb dieser Grundsatz auch bei unwesentlichen Abweichungen gelte.[24] Die entsprechende Anwendung der Regeln über den Überbau wird explizit abgelehnt. Daraus ergibt sich, dass das Grundbuch nicht unrichtig ist, weshalb es für den Grenzverlauf nicht darauf ankommt, ob der Erwerber, der die Anpassung an den Aufteilungsplan begehrt, die Divergenz beim Erwerb kannte.

Für die sachenrechtliche Abgrenzung ist ferner eine Klarstellung von Interesse, die der BGH aus Anlass des zu entscheidenden Sachverhalts vornimmt, ohne dass es auf diese entscheidungserheblich ankam. Im konkreten Fall diente die streitgegenständlich Wand der Abgrenzung zweier Kellerabteile, weshalb es nicht um die Grenze zum gemeinschaftlichen Eigentum ging, sodass die Wand statt im gemeinschaftlichen Eigentum i.S.v. § 1 Abs. 5 WEG im Eigentum (nur) der beiden Nachbarn stehen könnte (»Nachbareigentum«). Der BGH hatte in einer frühen Entscheidung Sondereigentum der Anrainer bejaht,[25] lässt nun aber offen, ob daran festzuhalten ist, und ergänzt, dass allenfalls vertikal (»lotrecht«) geteiltes Sondereigentum, wie es dem Eigentum an einer Grenzanlage im Sinne d. §§ 921, 922 BGB entspricht, in Betracht kommt.[26]

2. BGH v. 21. Oktober 2011 (V ZR 75/11)

Die Entscheidung befasst sich mit der über das Eigentum am lichten Raum hinausgehenden Erstreckung des Sondereigentums auf zu den Räumen gehörende Gebäudebestandteile. Das Auto des Klägers war in einem Mehrfachparker für vier Pkw beschädigt worden, weshalb dieser von der Gemeinschaft der Wohnungseigentümer Schadensersatz wegen mangelhafter Wartung der Hydraulik verlangt. An dem Mehrfachparker besteht Sondereigentum, wobei die Einheit zu je ¼ vier Eigentümern gehört. Es existiert ein eigener Hydraulikantrieb zum Heben und Senken der Parkwippe.

Die Klage blieb mangels Passivlegitimation der Gemeinschaft erfolglos. Für die Wartung der Hebevorrichtung seien die Miteigentümer dieser

24 BGH NJW 2016, 473 Rn. 11 ff.

25 BGHZ 146, 241, 248: eine solche Wand stehe im gemeinsamen Sondereigentum der Nachbarn.

26 BGH NJW 2016, 473 Rn. 19.

Teileigentumseinheit zuständig. Das an dem Mehrfachparker gebildete Sondereigentum erstrecke sich gem. § 5 Abs. 1 WEG auf die dazugehörige Vorrichtung, sofern diese keine weitere Garageneinheit betreibe. Nähere Ausführungen zur räumlichen Lage der Hebevorrichtung enthält das Urteil nicht.

In einem obiter dictum und unter Fortführung älterer Rechtsprechung lehnt der Senat schließlich sog. Mitsondereigentum an solchen Anlagen und Einrichtungen ab, die mehrere Sondereigentumseinheiten versorgen. Denn das WEG sehe dinglich verselbständigte Untergemeinschaften an einzelnen Gebäudeteilen nicht vor, und erlaube es also nicht, eine mehreren Doppelstockgaragen dienende Hydraulikanlage dem Sondereigentum (nur) der Eigentümer dieser Garagen zuzuordnen.[27]

3. BGH v. 8. Juli 2011 (V ZR 176/10)

Im Mittelpunkt dieses Judikats steht das Eigentum an in Sondereigentumseinheiten gelegenen Heizkörpern und den dazugehörigen Anschlussleistungen. In der Teilungserklärung der betreffenden Anlage ist eine Formulierung enthalten, nach der "die Vor- und Rücklaufleitung und die Heizkörper der Zentralheizung von der Anschlussstelle an die gemeinsame Steig- bzw. Fallleitung an" im Sondereigentum stehen. Die Wohnungseigentümer beschlossen die Erneuerung der Heizzentrale, der Steigleitungen sowie aller notwendigen Verteilungsleitungen und Heizkörper. Zugleich wurden zwei Sonderumlagen mit gestaffelter Fälligkeit beschlossen, nämlich eine für die Erneuerung des gemeinschaftlichen Eigentums und eine für die des Sondereigentums. Diese Beschlüsse focht der Kläger an.

Nach Ansicht des BGH sind die Beschlüsse mangels Beschlusskompetenz insoweit nichtig, als sie eine Erneuerung auch der Heizkörper und der dazugehörigen Anschlussleitungen in den Wohnungen und die Aufbringung der dafür vorgesehenen Sonderumlage betreffen. Die Heizkörper und dazugehörige Leitungen zum Anschluss an eine Zentralheizung seien durch die Teilungserklärung dem Sondereigentum zugeordnet und deren Erneuerung daher Sache eines jeden Eigentümers.[28] Über die Zuordnung

---

27 BGH ZWE 2012, 81 Rn. 9 m. Hinw. auf BGHZ 130, 159, 168.
28 BGH NJW 2011, 2958 Rn. 11 f.

von Heizkörpern und Anschlussleitungen in den Wohnungen ohne eine entsprechende Regelung in der Teilungserklärung entschied der V. Zivilsenat explizit nicht.

§ 5 Abs. 2 WEG stehe der Begründung von Sondereigentum nicht entgegen; denn die in den Wohnungen aufgestellten Heizkörper und die dazugehörigen Anschlussleitungen dienten nur dem Wohnungseigentümer, in dessen Wohnung sie sich befinden. Für die eigentumsrechtliche Zuordnung komme es auch nicht entscheidend darauf an, dass die Heizungsanlage ein geschlossenes System darstelle. Weder die Existenz bestimmter technischer Anforderungen für den Anschluss von Heizkörpern an die Anlage noch die »Systemverantwortlichkeit« der Gemeinschaft führten zur Annahme von gemeinschaftlichem Eigentum. Die technischen Anforderungen müsse der Eigentümer berücksichtigen, wenn er die in seinem Sondereigentum stehenden Bauteile austausche bzw. nutze. Sei er nicht bereit, diese Bauteile an das geänderte gemeinschaftliche Eigentum (Heizzentrale, Steigleitungen) anzupassen, könne er ggf. von der Anlage abgetrennt werden. Sofern danach die Heizkörper im Sondereigentum stehen, gelte dies – vorbehaltlich ausdrücklicher anderweitiger Regelung in der Teilungserklärung – auch für Heizungs- und Thermostatventile und ähnliche Aggregate.[29]

4. BGH v. 26. Oktober 2012 (V ZR 57/12)

Von den soeben dargestellten Grundsätzen rückte der Senat allerdings wenig später in wichtigen Punkten wieder ab. Nach der Teilungserklärung der konkreten Anlage gehörten die Wasserleitungen vom Anschluss an die gemeinsame Steigleitung an zum Sondereigentum. Im Dachgeschoss erfolgte die Versorgung der dort gelegenen Räume durch eine Wasserleitung, welche vor ihrem Eintritt in den Bereich des Sondereigentums in einer Dachabseite lag, die zum gemeinschaftlichen Eigentum gehörte. Eine Wandöffnung ermöglichte es dem Sondereigentümer der Dachräume, die ausschließlich diese versorgenden Teile der Leitung zu erreichen. Dem Begehren des Eigentümers, die wiederholt eingefrorenen Leitungen auf Kosten der Gemeinschaft auszutauschen, verweigerte sich die Eigentü-

29 BGH NJW 2011, 2958 Rn. 16 ff.

mermehrheit unter Hinweis auf das Sondereigentum des Anspruchstellers an den Leitungen.

In scharfem Kontrast zu seiner die Eigentumsverhältnisse an einer Heizungsanlage betreffenden Entscheidung nehmen die grundsätzlichen, praktisch höchst bedeutsamen Überlegungen des BGH ihren Ausgangspunkt hier in dem Satz: Durch eine Teilungserklärung kann Sondereigentum an wesentlichen Bestandteilen des Gebäudes (§§ 93, 94 BGB), zu denen die innerhalb des Gebäudes verlegten Wasserleitungen zählen, nicht begründet werden. Allein § 5 Abs. 1–3 WEG bestimmten darüber, welche Gebäudebestandteile im Sondereigentum stehen. Die Teilungserklärung lege lediglich fest, welche Räume im Sondereigentum stehen und könne überdies Gebäudebestandteile, die an sich sondereigentumsfähig sind, zu gemeinschaftlichem Eigentum erklären. Wesentliche Bestandteile, die nicht kraft Gesetzes im Sondereigentum stehen, gehörten zwingend zum gemeinschaftlichen Eigentum.[30]

Die Frage, in wessen Eigentum Versorgungsleitungen, die wesentliche Bestandteile des Gebäudes sind, kraft Gesetzes stehen, beantwortet der V. Zivilsenat zugunsten des Gemeinschaftseigentums, soweit diese Leitungen im räumlichen Bereich des Gemeinschaftseigentums verlaufen. Das gelte auch dann, wenn ein Leitungsstrang ausschließlich der Versorgung einer einzelnen Wohnung dient. Dabei wird explizit offengelassen, wie der Begriff »gehören« i.S.v. § 5 Abs. 1 WEG zu verstehen, mithin ob der räumlichen oder der funktionalen Auslegung des Begriffs der Vorzug gebührt. Allerdings erwägt der BGH in diesem Zusammenhang eine Interpretation der Norm, die die Sondereigentumsfähigkeit stärker einschränkt als alle bislang hierzu vertretenen Ansichten. In Betracht komme, alle wesentlichen Bestandteile des Gebäudes, die sich außerhalb der im Sondereigentum stehenden Räume befinden, als gemeinschaftliches Eigentum anzuse-

30 BGH NJW 2013, 1154 Rn. 10 f. Wenn es dort in Rn. 11 heißt, aus der Entscheidung zur Sondereigentumsfähigkeit von Heizkörpern ergebe sich nichts Abweichendes, vielmehr sei diese im Schrifttum nur anders verstanden worden, so ist das einigermaßen kurios, da das ältere Judikat bereits im Leitsatz 1 klar der Ansicht Ausdruck verleiht, das Sondereigentum sei die Folge der Regelung der Teilungserklärung.

hen, weil gemeinschaftliches Eigentum die Regel und Sondereigentum die eng anzuwendende Ausnahme sei.[31]

Für die Entscheidung des konkreten Sachverhalts stellt der BGH sodann maßgeblich auf § 5 Abs. 2 WEG und die Tatsache ab, dass Versorgungsleitungen, die sich im räumlichen Bereich des Gemeinschaftseigentums befinden, rechtlich als Einheit und damit eine Anlage i.S.d. genannten Norm anzusehen seien. Das entspreche natürlicher Anschauung und trage darüber hinaus der Interessenlage der Wohnungseigentümer Rechnung, weil so die gemeinschaftliche Verfügungsbefugnis über das Netz erhalten und Veränderungen daran möglich bleiben. Das erleichtere die Durchführung von Instandsetzungsarbeiten oder Modernisierungsmaßnahmen an den Versorgungsleitungen und erlaube ggf. auch Abzweigungen einzurichten, um weitere Einheiten zu versorgen. Dass einzelne Teile des Leitungsnetzes, die sich im räumlichen Bereich des gemeinschaftlichen Eigentums befinden, nur eine Sondereigentumseinheit versorgen, bleibe daher für ihre dingliche Zuordnung außer Betracht; insofern gelte nichts anderes als für den Abschnitt eines Treppenhauses, der ausschließlich den Zugang zu einer Wohnung ermöglicht und gleichwohl eine Einheit mit dem übrigen Treppenhaus bildet. Zur Reichweite des so begründeten Gemeinschaftseigentums stellt der BGH fest, die Leitungen gehörten zum gemeinschaftlichen Versorgungsnetz nicht nur bis zum Eintritt in den räumlichen Bereich des Sondereigentums, sondern jedenfalls bis zu der ersten für die Handhabung durch den Sondereigentümer vorgesehenen Absperrmöglichkeit.[32]

5. BGH v. 25. Oktober 2013 (V ZR 212/12)

Von deutlich geringerer »Sprengkraft« ist schließlich das letzte hier aufgegriffene Urteil. Nach dem Wortlaut der Teilungserklärung sollten »auch die Türen zum Treppenhaus, unbeschadet dessen, dass Veränderungen an der Außenseite derselben nur mit Mehrheitsbeschluss der Eigentümerversammlung vorgenommen werden dürfen«, zum Sondereigentum gehören.

31 BGH NJW 2013, 1154 Rn. 18. In Rn. 19 geht der Senat davon aus, es sei wohl einhellige Ansicht, dass Sondereigentum an außerhalb der Räume liegenden wesentlichen Gebäudebestandteilen jedenfalls nicht per se ausgeschlossen sei.

32 BGH NJW 2013, 1154 Rn. 21.

Als die Eigentümer Vorgaben für den Einbau derartiger Türen in Bezug auf farbliche Gestaltung, Material usw. beschlossen, focht eine Eigentümerin den Beschluss an.

Der BGH sieht in dem Beschluss keinen Eingriff in das Sondereigentum der Klägerin, weil die Türen zwingend gemeinschaftliches Eigentum seien. Auf die Regelungen der Teilungserklärung komme es nicht an.[33] Wohnungseingangstüren seien nach § 5 Abs. 2 WEG zwingend gemeinschaftliches Eigentum, weil sie (räumlich und funktional) der Abgrenzung der Wohnung zum gemeinschaftlichen Eigentum dienten.

IV. Konsequenzen und ungelöste Probleme

1. Teilnichtigkeit der Teilungserklärung

Die meisten[34] Teilungserklärungen enthalten ein Kapitel »Gegenstand des Sondereigentums«, in dem aufgeführt ist, welche Gebäudeteile (insbesondere) zum Sondereigentum gehören. Häufig befindet es sich in einem der eigentlichen Teilung nachfolgenden Abschnitt, nämlich am Anfang der Gemeinschaftsordnung. Da § 5 Abs. 1 und 2 WEG zwingendes Recht enthalten, sind solche in der Teilungserklärung vorgenommenen, der dargestellten Judikatur widersprechenden Zuweisungen von Gebäudebestandteilen nichtig.[35] Das betrifft etwa Wohnungsabschlusstüren und Heizungs- bzw. Wasserleitungen, bis zur ersten Absperrmöglichkeit, gilt aber ebenso für Fenster, Terrassen- und Balkontüren oder die zur Fassade gehörenden oder statisch relevanten Balkonteile. Folgendes ist aber zu beachten: Lässt sich der Gebäudebestandteil nach der Verkehrsanschauung seinerseits in weitere Bauteile zerlegen, wie etwa der Griff eines Fensters oder die (innere) Türklinke der Wohnungsabschlusstür, stehen diese im Sondereigentum. Im Übrigen geht der hypothetische, verobjektivierte[36] Wille

---

33 BGH NJW 2014, 379 Rn. 11 in Bestätigung von BGH NJW 2013, 1154.

34 S. auch *Kümmel*, FS Merle, 2010, 207, 216: „nahezu jede Teilungserklärung".

35 Auf § 134 BGB kommt es aber nicht an; Bärmann/*Armbrüster*, § 5 Rn. 27; a.A. *Bonifacio*, MietRB 2010, 91.

36 Zwar ist bei der Ermittlung des hypothetischen Parteiwillens der tatsächliche Wille grundsätzlich durchaus zu berücksichtigen, vgl. MünchKomm-BGB/*Busche*, 7. Aufl. 2015, § 139 Rn. 30; jedoch geht es hier um die im Grund-

des/der aufteilenden Eigentümer/s grundsätzlich dahin, dass die Teilung im Übrigen aufrecht erhalten bleibt, weshalb für die Regel des § 139 BGB kein Raum ist.

Aus dem Urteil vom 26. Oktober 2012 folgt ferner, dass auch »Zuweisungen« von Gebäudebestandteilen zum Sondereigentum, die im Einklang mit § 5 WEG stehen, mangels Regelungskompetenz wohl nichtig, jedenfalls aber ohne eigenen Regelungsgehalt sind; Auslegungsfragen stellen sich daher nicht.[37] Eine Regelungskompetenz gewähren § 3 Abs. 1, § 8 Abs. 1 WEG nur in Bezug auf Räume. Hinsichtlich der zu diesen gehörenden Gebäudebestandteilen ergibt sich die Zugehörigkeit zum Sondereigentum allein aus dem Gesetz. Sondereigentum ist seiner Natur nach Raumeigentum! Demgegenüber können nach § 5 Abs. 3 WEG Gegenstände, die nach dem Gesetz zum Sondereigentum gehören, durch (sachenrechtliche) Vereinbarung zu gemeinschaftlichem Eigentum erklärt werden, was zeigt, dass der zwingende Charakter der Abs. 1 und 2 leg. cit. nicht primär Rechtssicherheit bezweckt.

2. Umdeutung der unwirksamen Zuweisung zum Sondereigentum

Wie eingangs (II.3.) erwähnt, entfaltet die Zugehörigkeit von Gebäudebestandteilen zum Sondereigentum praktische Bedeutung vor allem im Rahmen der Kostentragung und darüber hinaus bei der Bestimmung der Verantwortlichkeit für die Instandhaltung/-setzung unter Einschluss der Veränderungsbefugnis. Die genannten Aspekte betreffen die Verwaltung und können daher grundsätzlich durch (nicht sachenrechtliche) Vereinbarung über das Verhältnis der Wohnungseigentümer i.S.v. § 10 Abs. 2 S. 2 WEG geregelt werden. Das lässt die Frage nach einer Umdeutung der nichtigen Eigentumszuweisung aufkommen.[38]

a) Nach § 140 BGB kommt eine Umdeutung in Betracht, wenn ein nichtiges Geschäft den Erfordernissen eines anderen Rechtsgeschäfts entspricht; dann gilt das andere, wenn anzunehmen ist, dass dessen Geltung bei Kenntnis der Nichtigkeit gewollt sein würde. Wie ausgeführt, bewirkt

---

buch eingetragene Teilungsurkunde, für die ein objektiver Maßstab gilt, s. dazu auch sub IV.2.

37 Das würdigen etwa BayObLG ZWE 2000, 177 nicht; ebenso *Kümmel*, FS Merle, 2010, 207, 217.

38 S. dazu speziell *Bonifacio*, MietRB 2010, 91.

die unwirksame Zuweisung zum Sondereigentum keine Totalnichtigkeit der Teilung. Es wird vertreten, § 140 BGB setze gerade die Totalnichtigkeit des Geschäfts voraus, zugleich aber darauf hingewiesen, die Rechtsprechung ziehe die Norm öfter auch für Fälle heran, in denen nur die Unwirksamkeit einzelner Vertragsteile in Frage steht.[39] Zumindest für Fälle der hier in Rede stehenden Art ist allein letzteres überzeugend, weil die Vereinbarungen über die Begründung von Sondereigentum zwar in einer Urkunde zusammengefasst sind, an sich aber auch zum Gegenstand mehrerer Geschäfte gemacht werden könnten. Nur auf diese Weise wird dem Zweck des § 140 BGB Rechnung getragen. Der Norm geht es darum, dem auf einen bestimmten (in der Regel wirtschaftlichen) Erfolg gerichteten Willen der Parteien in weitest möglichem Umfang zum Erfolg zu verhelfen. Ließe man die Teilung fortbestehen, ohne die fehlgeschlagene Zuweisung zum Sondereigentum zu berücksichtigen, bliebe der darin ausgedrückte Wille hinsichtlich einzelner Gebäudeteile gänzlich unberücksichtigt. Irrelevant ist dabei, ob es sich um den Willen Mehrerer (bei Teilung gem. § 3 WEG) oder eines Einzelnen im Rahmen einer Teilung nach § 8 WEG handelt. Dass dieses einseitige Geschäft dem Grundbuchamt gegenüber vorgenommen wird, ändert ebenfalls nichts.[40]

Zu beachten ist, dass Vereinbarungen, durch die Sondereigentum begründet werden soll, sachenrechtlicher Natur sind, also eine – vom Gesetz freilich gerade nicht vorgesehene – dingliche Einigung nach §§ 4 WEG, 873, 925 BGB darstellen, während Vereinbarungen i.S.d. §§ 10 ff. WEG gerade nicht dinglicher Natur sind.[41] Indes steht diese dogmatische Feinheit, die den Parteien in der Regel ohnehin verborgen bleibt, der Umdeutung nicht entgegen; sie setzt keine Gleichartigkeit der Geschäfte voraus.[42] Erst recht kommt eine Umdeutung dann in Betracht, wenn die Regelung über das Sondereigentum bereits nach der Systematik der Teilungsurkunde Bestandteil der Gemeinschaftsordnung ist, was in der Praxis eher die Regel als die Ausnahme ist. Die für die Wirkungser-streckung nach § 10

39 Staudinger/*H. Roth*, BGB, 2015, § 140 Rn. 14.

40 MünchKomm-BGB/*Busche*, § 140 Rn. 8.

41 Zur umstrittenen Rechtsnatur von Vereinbarungen über das Verhältnis der Eigentümer untereinander s. etwa BeckOK WEG/*Dötsch*, 26. Ed. Stand: 1.2.2016, § 10 Rn. 162 i.V.m. § 15 Rn. 239 ff. m. zahlr. Nachw.

42 Staudinger/*H. Roth*, BGB, 2015, § 140 Rn. 9. Zur Umdeutung eines "dinglichen Wiederkaufsrechts" in eine schuldrechtliche Rückkaufsverpflichtung s. BGH MDR 1965, 283.

Abs. 3 WEG erforderliche Grundbucheintragung erfolgt regelmäßig durch Inbezugnahme nach § 7 Abs. 3 WEG. Freilich ist jeweils im Einzelfall zu prüfen, ob der die Zuweisung zum Sondereigentum vornehmende Teil der Urkunde tatsächlich über die Eintragungsbewilligung in Bezug genommen wurde.

Die Umdeutung scheitert schließlich auch nicht daran, dass der BGH für Vereinbarungen, die eine vom Gesetz abweichende Instandhaltungslast und/oder Kostenverteilung vorsehen, klare und eindeutige Regelungen fordert.[43] Diese Judikatur kann in Zweifelsfällen aber eine Umdeutung verhindern. So lehnte das OLG München[44] eine Umdeutung in eine Kostenregelung angesichts des ambivalenten Wortlauts der Zuweisung ab. Zu Recht wird daher die Bedeutung der jeweiligen Formulierung und des Kontextes für die Umdeutung betont.[45]

b) Für die Antwort darauf, ob dem aufteilenden Eigentümer die Nichtigkeit unbekannt war und welchen (hypothetischen) Willen er in Kenntnis derselben gehabt hätte, kommt es bei Teilungserklärungen nicht auf die tatsächliche Kenntnis an und auch der tatsächliche Wille ist unbeachtlich.[46] Das folgt letztlich aus dem vom BGH für den Grundbuchinhalt postulierten überindividuellen Auslegungsmaßstab. Aus Gründen des Verkehrsschutzes und der Rechtssicherheit ist auf den Wortlaut und den Sinn der Eintragung sowie der darin in Bezug genommenen Eintragungsbewilligung abzustellen, wie sie sich für einen unbefangenen Betrachter als nächstliegende Bedeutung des Eingetragenen ergeben. Äußere Umstände dürfen zur Ermittlung von Inhalt und Umfang eines Grundstücksrechts nur insoweit mit herangezogen werden, als sie nach den besonderen Verhältnissen des Einzelfalls für jedermann ohne weiteres erkennbar sind.[47] Weder die Kenntnis des aufteilenden Eigentümers von der Nichtigkeit, noch sein tatsächlicher Wille sind für einen gewöhnlichen Betrachter erkennbar.

---

43 BGH NJW 2012, 1722 Rn. 7; ZWE 2014, 125 Rn. 10.

44 OLG München NZM 2007, 369.

45 *Bonifacio*, MietRB 2010, 91, 92.

46 Dazu OLG Hamm OLGZ 1992, 174, 177. Prägnant auch AG Hamburg ZMR 2004, 221: Nur, wenn sich aus der Teilungserklärung aus Sicht eines unbefangenen Betrachters ergibt, dass unabhängig von der Eigentumszuordnung Instandhaltungslasten einem Sondereigentümer auch für Gegenstände, die zwingend Gemeinschaftseigentum sind, zugeordnet werden sollen, kommt eine Umdeutung in eine Kostenregelung in Betracht.

47 BGHZ 113, 374, 378; 130, 159, 166; NJW 2016, 473 Rn. 9 (st. Rspr.).

Maßgeblich ist daher, ob ein vernünftig denkender teilender Eigentümer das Ersatzgeschäft abgeschlossen hätte, um den angestrebten (wirtschaftlichen) Erfolg zu erzielen.

Worin aber besteht der angestrebte Erfolg der Sondereigentumszuweisung? Auch insofern ist der beschriebene objektive Maßstab anzulegen, wobei zu bedenken ist, dass sich aus der Teilungserklärung/Gemeinschaftsordnung selbst Hinweise ergeben können. Die Gründe für die Zuweisung zum Sondereigentum lassen sich im Wesentlichen wie folgt zusammenfassen: Zum einen kann es um das Interesse des Sondereigentümers an der Nutzung und dessen Gestaltungshoheit in Bezug auf die betreffenden Bauteile gehen. Zum anderen kann die Zuweisung der mit dem Eigentum zusammenhängenden Pflichten (Erhaltungslast, Kostentragungspflicht) an den Sondereigentümer und damit die Entlastung der Gemeinschaft im Mittelpunkt stehen. Die Annahme, letz-teres werde primär angestrebt, liegt bei systematischer Auslegung nahe, wenn die Zuweisung im Kontext der Regelungen über die Kostentragung und/oder Erhaltung erfolgt.[48] Besteht nach Art des Gebäudeteils eine Gebrauchsmöglichkeit ohnehin nur für einen Eigentümer, was bei Fenstern und Balkonen regelmäßig der Fall ist, aber auch bei Leitungen, die ausschließlich eine Einheit versorgen, liegt für unbefangene Betrachter die Annahme nahe, es werde in erster Linie eine Korrelation von (auch ohne Vereinbarung bestehender) Gebrauchsmöglichkeit und Lastentragungspflicht angestrebt.[49] In anderen Fällen, in denen das alleinige Nutzungsrecht nicht bereits aus den tatsächlichen Gegebenheiten folgt, steht man vor der Frage, ob zugleich eine Umdeutung in ein Sondernutzungsrecht in Betracht kommt.[50] Dabei ist zu bedenken, dass der Zweck der zur Nichtigkeit führenden Norm nicht unterlaufen werden darf. Wenn etwa der BGH meint, eine Leitung, die nur eine Einheit versorgt, gehöre auch deswegen zum gemeinschaftlichen Eigentum, weil die Verfügungsbefugnis und Entscheidungshoheit der Ge-

---

48 Zur Relevanz der übrigen Regelungen der Teilung OLG Hamm OLGZ 1992, 174; *Bonifacio*, MietRB 2010, 91.

49 Auch hierzu wiederum OLG Hamm OLGZ 1992, 174, 178, das überzeugend begründet, warum die „selektive", nur die wirtschaftlichen Belastungen, nicht aber den Nutzen der Individualsphäre festschreibende Umdeutung aus der Sicht eines unbefangenen Betrachters naheliegt; i. Erg. zumindest für Fenster, Türen und Balkonbestandteile *Bonifacio*, MietRB 2010, 91, 93.

50 *Hügel/Elzer*, § 5 Rn. 19; Riecke/Schmid/*Schneider*, § 5 Rn. 21 ff.

meinschaft gesichert werden soll (s.o. III.4.), spricht dieses Interesse gegen ein Sondernutzungsrecht.

Im Ergebnis ist daher der ganz h.M. zuzustimmen, die bei nichtiger Begründung von Sondereigentum grundsätzlich Raum für eine Umdeutung sieht.[51] Sofern allerdings oft angenommen wird, neben der Kostentragung werde auch die Instandhaltungslast einbezogen, droht ein Konflikt mit den Zielen der zwingenden Zuweisung der Gebäudeteile zum gemeinschaftlichen Eigentum. Wäre der betreffende Sondereigentümer etwa befugt, selbst zu entscheiden, wie er die maroden Fenster erneuert, könnte er die äußere Gestaltung des Gebäudes verändern (anders liegen die Dinge beim Fenstergriff[52]). Dazu darf die Umdeutung im Zweifel[53] nicht führen. Ferner schließt die Überwälzung der Instandhaltungslast i.d.R. nicht Befugnis der Gemeinschaft aus, über die Instandhaltung zu beschließen, etwa mit dem Ziel, die Maßnahmen einheitlich und zügig durchzuführen; denn auch diese Aspekte sprechen nach Ansicht des BGH für zwingendes Gemeinschaftseigentum (s.o. III.4.), weshalb die Befugnis der Gemeinschaft nicht durch die Hintertür der Umdeutung genommen werden darf. Etwas anderes, nämlich auch ein individuelles Recht des Einzelnen, die Maßnahmen nach eigenem Gusto durchführen zu können, wird nur ausnahmsweise das Ergebnis einer Umdeutung sein können, wenn die Teilungserklärung einen derartigen hypothetischen Willen nahelegt. So kann es in einer Einfamilienhaus-Mehrhausanlage liegen, in der die einzelnen Gebäude (unzulässiger Weise[54]) pauschal dem Sondereigentum zugewiesen werden, mit dem erkennbaren Ziel, die Anlage real geteilten Grundstücken möglichst weitgehend anzunähern.

---

51 OLG Hamm OLGZ 1992, 174; ZMR 1997, 193; OLG Düsseldorf ZMR 1998, 304; OLG Karlsruhe NZM 2002, 220; ZWE 2011, 38; OLG Stuttgart BauR 2005, 1490; OLG München NZM 2005, 825; *Hügel/Elzer*, § 5 Rn. 10; Riecke/Schmid/*Schneider*, § 5 Rn. 26a; Staudinger/*H. Roth*, BGB, 2015, § 140 Rn. 64 m.w.N.

52 Gegen eine solche Differenzierung aber *Bonifacio*, MietRB 2010, 91, 94: durch Umdeutung nur Kostenlast.

53 Ein absolutes Hindernis besteht nicht, weil auch die äußere Gestaltung durch Vereinbarung, etwa in einer Mehrhausanlage, einzelnen Eigentümern oder einer Gruppe von Eigentümern überlassen werden kann.

54 BGH NZM 2001, 435; *Hügel/Elzer*, § 5 Rn. 23; NK-BGB/*Heinemann*, 4. Aufl. 2016, § 5 Rn. 2.

3. Offene Fragen

a) Wie erwähnt, ließ der BGH im grundlegenden Urteil vom 26. Oktober 2012 offen, nach welchen Kriterien die zum Sondereigentum »gehörenden« Bestandteile zu bestimmen sind. Ungeklärt ist weiterhin, ob es hierfür zumindest einer räumlichen Nähe bedarf oder ob diese entbehrlich ist, solange die betreffenden Gegenstände nur ihrer Funktion nach dazu bestimmt sind, allein einer Wohnung zu dienen. Befürwortet man eine solche funktionale, im Ergebnis sondereigentumsfreundliche Sicht, fragt sich als weiteres, ob dieser funktionale Zusammenhang bauseits begründet sein muss, wie etwa bei einer nur eine Einheit versorgenden Leitung, oder ob er auch durch Widmung herbeigeführt werden kann, was etwa bei Briefkastenanlagen oft der Fall ist. Diejenigen, die eine baulich-funktionale Betrachtung favorisieren,[55] können auf die im Sachenrecht gewichtige, vor allem im Publizitätsgrundsatz zu Tage tretende Nach-vollziehbarkeit der Zuordnung für den Rechtsverkehr verweisen.

Die rechtliche Bewertung wird der Praxis dadurch erschwert, dass sich in der jüngeren Rechtsprechung des BGH sowohl Hinweise für als auch solche gegen eine funktionale Betrachtungsweise finden. In der Entscheidung zur hydraulischen Hebeanlage eines Mehrfachparkers wird diese allein auf der Basis einer funktionalen Erwägung dem Sondereigentum zugewiesen; die räumliche Lage der Anlage wird nicht einmal angesprochen.[56] Im Grundsatzurteil aus dem Oktober 2012[57] findet sich hingegen im zweiten Leitsatz die Feststellung, Versorgungsleitungen gehörten zwingend zum gemeinschaftlichen Eigentum, soweit sie im *räumlichen Bereich* desselben verlaufen, was auch dann gelte, wenn ein Leitungsstrang ausschließlich der Versorgung einer einzelnen Wohnung dient. An sich kann man eine Absage an die funktionale Betrachtungsweise kaum deutlicher formulieren.

b) Indes ist das bei genauer Betrachtung der Entscheidungsgründe dann doch nicht so eindeutig, wie am Beispiel der Fußbodenheizung verdeutlicht werden soll. Zunächst ist dabei darauf hinzuweisen, dass die ältere, auf eine Zuweisung in der Teilungserklärung abstellende Judikatur[58] durch

---

55 Etwa *Kümmel*, FS Merle, 2010, 207, 211; *Hügel/Elzer*, § 5 Rn. 12.

56 BGH ZWE 2012, 81 Rn. 10 f.; s. ferner LG München I ZWE 2013, 165.

57 BGH NJW 2013, 1154.

58 OLG Köln ZMR 1998, 722.

das Urteil des BGH vom 26. Oktober 2012 überholt ist.[59] Maßgeblich ist allein, ob die Heizung zu den im Sondereigentum stehenden Räumen gehört. Liegen deren Heizschleifen im Estrich, der wegen seiner Isolierfunktion nach ganz h.M.[60] in aller Regel zum gemeinschaftlichen Eigentum gehört, spricht diese Lage »im räumlichen Bereich« nach der Grundsatzentscheidung des BGH für eine Zugehörigkeit zum Gemeinschaftseigentum.[61] Demgegenüber sollen Fußbodenheizungen zum Sondereigentum zählen, wenn sie sich in einem dem Sondereigentum zuzuordnenden Bereich des Fußbodens befinden.[62] Allerdings wird auch nach wie vor die Ansicht vertreten, Fußbodenheizungen, d.h. insb. deren Heizschleifen, stünden selbst dann im Sondereigentum, wenn sie im zum Gemeinschaftseigentum zählenden Estrich verlegt sind.[63] Nach den Vertretern dieser Auffassung sind Eingriffe in das gemeinschaftliche Eigentum, die ihrer Natur nach vorübergehend sind, wie etwa die Beseitigung des Estrichs bei einer Reparatur einer Heizschleife, kein hinreichend gewichtiger Nachteil i.S.d. §§ 5 Abs. 1, 14 WEG.[64] Unter der Voraus-setzung, dass die Heizschleifen selbst nicht für das Heizungssystem ins-gesamt relevant sind,[65] könnten diese also verändert oder gar beseitigt werden, ohne dass für andere Eigentümer ein relevanter Nachteil entsteht.

M.E. steht diese Meinung nicht im Widerspruch zu den Erwägungen des BGH. Dieser begründet die – im Leitsatz notwendig verkürzt wiedergegebene – Zuweisung des Leitungsnetzes zum gemeinschaftlichen Eigentum nämlich mit verschiedenen Aspekten, die sich auf Fußbodenheizungen nicht übertragen lassen. Das gilt zunächst für die Erwägung, Versorgungsleitungen bildeten ein der Bewirtschaftung und Versorgung des Ge-

59 Den zwingenden Charakter von § 5 WEG übergeht auch OLG Köln ZMR 2004, 298, wo von einer Zuordnung zum gemeinschaftlichen Eigentum durch einstimmigen Beschluss (sic!) ausgegangen wird.

60 Statt vieler: BayObLG NJW-RR 1994, 598; OLG Düsseldorf ZWE 2001, 616; OLG Köln NZM 2002, 125.

61 So im Ergebnis LG Bonn, WE 2001, 47; Riecke/Schmid/*Schneider*, § 5 Rn. 52; *Schmid*, ZMR 2008, 862, 863.

62 Bärmann/*Armbrüster*, § 5 Rn. 82, *M. Müller*, ZWE 2013, 203, 205.

63 Niedenführ/Kümmel/*Vandenhouten*, WEG, 10. Aufl. 2013, § 5 Rn. 41; *Kümmel*, FS Merle, 2010, 207, 214 f.; s. ferner LG München I ZMR 2013, 308 sowie Palandt/*Bassenge*, BGB, 75. Aufl. 2016, § 5 WEG Rn. 8.

64 *Kümmel*, FS Merle, 2010, 207, 215 f.

65 Zu diesem Vorbehalt s. etwa *Hügel/Elzer*, § 5 Rn. 40 unter dem Stichwort „Fußbodenheizung“.

bäudes dienendes Leitungsnetz und damit eine Anlage i.S.v. § 5 Abs. 2 WEG. Fußbodenheizungen haben eine solche Funktion hingegen nicht. Auch die Interessenlage, auf die der BGH abstellt (s.o. III.4.), ist eine andere. Die anderen Wohnungseigentümer haben nämlich grundsätzlich ebenso wie bei Heizkörpern in der Wohnung kein schützenswertes Interesse an einer gemeinschaftlichen Verfügungsbefugnis. Während bei Versorgungsleitungen eine Veränderung, etwa mit dem Ziel, Leitungen, die nur eine Wohneinheit versorgen, auch für andere Zwecke zu nutzen, durchaus in Betracht kommt, scheiden entsprechende Erwägungen für die Fußbodenheizung selbst aus. Instandsetzungsarbeiten oder Modernisierungsmaßnahmen an dieser bedürfen unter der Prämisse, dass die Heizung ohne Auswirkungen auf die gesamte Anlage vom System getrennt werden kann, keiner Koordinierung durch die Gemeinschaft. Überdies hat der Wohnungseigentümer, in dessen Einheit sich die Heizung befindet, durchaus ein schutzwürdiges Eigeninteresse an der Verfügungsmacht über die Heizung, etwa wenn er durch deren Modernisierung Heizkosten sparen möchte. Sofern die Fußbodenheizung also nicht systemrelevant ist und über eine Absperrvorrichtung verfügt, die es dem Sondereigentümer erlaubt und dafür vorgesehen ist, sie vom allgemeinen Heizkreislauf zu trennen, steht die Rechtsprechung des BGH der Annahme von Sondereigentum zumindest nicht entgegen.

c) Zu den Eigentumsverhältnissen an der Absperrvorrichtung selbst äußert sich der BGH nicht. M.E. gehört sie zum gemeinschaftlichen Eigentum, da sie nicht beseitigt werden kann, ohne dass ein Nachteil für die übrigen Eigentümer entsteht (§ 5 Abs. 1 WEG). Ohne sie lassen sich die Sphären nämlich nicht mehr voneinander abgrenzen. Obwohl es sich in der Diktion des BGH um eine »für die Handhabung durch den Sondereigentümer vorgesehene Absperrmöglichkeit«[66] handeln muss, dient diese doch zumindest auch dem gemeinschaftlichen Eigentum. Insofern kann nichts anderes gelten als für andere Bauteile, die die Grenze zwischen Sonder- und Gemeinschaftseigentums markieren. So sieht der V. Zivilsenat, wie oben dargestellt (III.5.), in Wohnungsabschlusstüren zwingendes gemeinschaftliches Eigentum, da sie »stets der räumlichen Abgrenzung von Gemeinschafts- und Sondereigentum« dienen.[67]

---

66 BGH NJW 2013, 1154 Rn. 21.
67 BGH NJW 2014, 379 Rn. 11 a.E.

Ungeklärt sind ferner die Eigentumsverhältnisse an Abwasserleitungen, die typischerweise ohne Absperrvorrichtung aus der Sondereigentumseinheit in das gemeinschaftliche Eigentum verlaufen. Mangels Auswirkungen auf fremdes Eigentum gehören hier wenigstens die im räumlichen Bereich der Wohnung verlaufenden Leitungen zum Sondereigentum.

d) Zunehmend wird die Ansicht vertreten, Balkone, Dachterrassen oder -gärten gehörten als Gebäudebestandteile aufgrund § 5 Abs. 1 WEG in den Grenzen dieser Norm zum Sondereigentum, mit der Folge, dass es einer Zuweisung zum Sondereigentum nicht bedarf.[68] Ein Vorzug dieser Auffassung wird darin gesehen, dass es auf eine Zuweisung des Balkons zum Sondereigentum, die in manchen Teilungserklärungen nebst Aufteilungsplänen versehentlich unterbleibt, ebenso wenig ankommt, wie auf die Frage, ob Balkone oder Dachterrassen Raumqualität i.S.d. §§ 3, 5 WEG aufweisen.[69] Allerdings muss hier differenziert werden: Der Raum selbst kann nur durch Zuweisung in der Teilung zum Sondereigentum gemacht werden,[70] weil § 5 Abs. 1 WEG gerade zwischen Räumen und Gebäudebestandteilen differenziert und Sondereigentum nur in Bezug auf letztere ex lege erstreckt wird. Das bedeutet, dass die nicht zwingend zum gemeinschaftlichen Eigentum gehörenden Bauteile des Balkons (z.B. der Bodenbelag und der Anstrich der Balkonbrüstung von innen[71]) selbst dann zum Sondereigentum gehören, wenn der Balkonraum diesem nicht zugewiesen ist. Freilich setzt letzteres wiederum voraus, dass man eine strenge räumliche Betrachtung im Rahmen von § 5 Abs. 1 WEG ablehnt, da sich die genannten Bauteile außerhalb der Wohnung befinden.

Das ist gegenwärtig nicht abschließend geklärt, weshalb unbedingt an der Praxis festzuhalten ist, den Balkonraum im Aufteilungsplan eindeutig dem Sondereigentum zuzuweisen; das gilt ebenso für Dachterrassen und -gärten. Das hinter der Luftschranken-Rechtsprechung (s.o. III.1.) stehende Raumverständnis spricht – in Bestätigung der h.M. (dazu oben II.1.) – dafür, auch diesen Raum für sondereigentumsfähig zu halten, weil seine Grenzen mit Hilfe des Aufteilungsplans bestimmbar sind. Aus § 905 BGB

---

68 *Greiner*, Wohnungseigentumsrecht, 3. Aufl. 2014, Rn. 40; *Hügel/Elzer*, § 3 Rn. 32; Riecke/Schmid/*Schneider*, § 5 Rn. 37.

69 Dagegen insbesondere Staudinger/*Rapp*, § 5 Rn. 7 m.w.N.

70 Das übergeht das OLG München ZWE 2012, 37.

71 Instr. *Greiner*, Wohnungseigentumsrecht, Rn. 40 sowie OLG München NZM 2007, 369.

lässt sich zwanglos ableiten, dass eine horizontale Begrenzung ohnehin nicht zwingend erforderlich ist. Werden Balkone in der Teilungserklärung nur verbal, also nicht auch im Aufteilungsplan durch Nummerierung, dem Sondereigentum zugewiesen, kann darin nach hier vertretener Ansicht eine Zuweisung des Raums nur dann liegen, wenn die Regelung Bestandteil der eigentlichen Teilung ist und nicht lediglich das Verhältnis der Wohnungseigentümer untereinander geregelt werden soll.

V. Folgerungen für die notarielle Gestaltungspraxis

Aus den hier angestellten Überlegungen folgt für die Gestaltung von Teilungserklärungen:

Die verbreiteten Aufzählungen von Gebäudeteilen, die zum Sondereigentum gehören, sind oft nicht nur falsch verortet (statt in der Teilungserklärung i.e.S. stehen sie in der Gemeinschaftsordnung), sondern widersprechen auch inhaltlich § 5 WEG und sind (teil-)nichtig.

Als Orientierung für die spätere Verwaltung taugen sie nicht, weil sie die Auslegung von § 5 WEG nicht obsolet machen, stattdessen aber zu Umdeutungsfragen führen, die weder der Verwalter noch die späteren Eigentümer rechtssicher beantworten können, sofern sich der Urkunde nicht sicher entnehmen lässt, welchem Zweck die Zuweisung dienen sollte.

Von einem derartigen Kanon ist daher Abstand zu nehmen! Vorzugswürdig ist es, unmittelbar die für die Verwaltung wichtigen Fragen zu regeln; Regelungsort ist insofern die Gemeinschaftsordnung.

Dazu gehört vor allem die von § 16 Abs. 2 WEG abweichende Verteilung der in Bezug auf das jeweilige Bauteil anfallenden Kosten. Ob die Erhaltungslast gleichfalls beim Einzelnen liegt, sollte ebenso klargestellt werden wie die Grenzen einer solchen Überwälzung in Bezug auf die Auswahl und Gestaltung der betreffenden Bauteile und die Auswirkungen auf die diesbezüglich an sich bestehende gemeinschaftliche Befugnis. Sofern der aufteilende Eigentümer eine Zuweisung zum Sondereigentum auch wünscht, um die Herrschaft des einzelnen Eigentümers zu gewährleisten, etwa in Bezug auf die Nutzung und die Gestaltung, sollten diese Aspekte in der Urkunde sehr deutlich zum Ausdruck kommen.

Schließlich ist darauf zu achten, dass Balkone sowie Dachterrassen und -gärten als Räume im Aufteilungsplan der jeweiligen Sondereigentumseinheit zugewiesen werden, sofern die alleinige Benutzung durch deren Eigentümer intendiert ist.

Sondernutzungsrechte in der notariellen Praxis

Andreas Ott[*]

I. Einführung

Mit dem Anstieg der Begründung von Wohnungseigentum gewinnen Sondernutzungsrechte als vergütungsbildender Faktor immer mehr an Bedeutung. Darüber hinaus sind Sondernutzungsrechte jenseits der klassischen Anwendungsbereiche (alleinige Nutzungsbefugnis an Kfz-Stellplätzen, Gartenflächen, Kellerräumen etc.) mittlerweile ein häufig gebrauchtes Gestaltungsmittel im Zusammenhang mit Ausbau-, Anbau- oder Aufbaubefugnissen. In der notariellen Praxis spielen Sondernutzungsrechte vor allen Dingen eine Rolle anlässlich der Begründung von Wohnungseigentum, wohingegen eine nachträgliche Begründung durch Vereinbarung regelmäßig an der erforderlichen Mitwirkung sämtlicher Wohnungseigentümer und beeinträchtigter dinglich berechtigter Dritter scheitert. Sondernutzungsrechte erfordern eine vorausschauende Gestaltung. Die Begründung von Sondernutzungsrechten ist nicht selten fehlerbehaftet und Gegenstand von Zwischenverfügungen des Grundbuchamtes. Der Beitrag soll das Problembewusstsein schärfen.

II. Begriff und Rechtsnatur

Der Begriff des Sondernutzungsrechts ist nicht legal definiert. Darunter wird einhellig das einem oder mehreren Wohnungseigentümern eingeräumte Recht verstanden, einen Teil des Gemeinschaftseigentums abweichend von § 13 Abs. 2 WEG unter Ausschluss der übrigen Wohnungseigentümer allein zu nutzen.[1] Mit der Eintragung im Grundbuch gewährt-

* Dr. Andreas Ott ist Rechtsanwalt, Fachanwalt für Miet- u. Wohnungseigentumsrecht, Fachanwalt für Bau- u. Architektenrecht sowie Partner der Kanzlei Müller Radack, Berlin.

dieses nach h. M. eine verdinglichte Rechtsposition, ohne selbst zu einem dinglichen Recht zu werden. Die Eintragung bewirkt eine Inhaltsänderung des Wohnungseigentums abweichend vom gesetzlichen Eigentumsinhalt nach § 13 Abs. 2 WEG und entfaltet wie die Änderung von inhaltsbestimmenden gesetzlichen Begleitschuldverhältnissen beschränkter dinglicher Rechte nicht nur Wirkungen zwischen den Vertragsparteien, sondern darüber hinaus auch gegenüber Sondernachfolgern (§ 10 Abs. 3 WEG).[2] In Rechtsprechung und Schrifttum wird bisweilen betont, dass das Sondernutzungsrecht aus zwei Komponenten bestehe: der Zuweisung der alleinigen Nutzungsbefugnis (positive Komponente) und dem korrespondierenden Ausschluss aller übrigen Wohnungseigentümer vom Mitgebrauch (negative Komponente).[3] Dagegen spricht, dass sich die Nutzungsbefugnis (positive Komponente) unmittelbar aus dem Gesetz ergibt (§ 13 Abs. 2 WEG) und deshalb zur Begründung eines Sondernutzungsrechts nur erforderlich ist, den Nutzungsausschluss der nichtbegünstigten Wohnungseigentumsrechte zu regeln und als Inhaltsbestimmung des jeweiligen Sondereigentums einzutragen. Angesichts der Praxis der Grundbuchämter ist jedoch anzuraten, auch die Zuweisung der Nutzungsbefugnis zu regeln.

---

1 Siehe nur BGH, Beschluss v. 10.05.2012 – V ZB 279/11, NZM 2012, 837 f.; BGH, Beschl. v. 20.9.2000 – V ZB 58/99, BGHZ 145, 158 (167f.); BGH, Beschl. v. 24.11.1978 – V ZB 11/77, BGHZ 73, 145 (148); KG, Beschl. v. 4.12.2006 – 24 W 201/05, NotBZ 2007, 182; Jennißen/*Schultzky*, WEG (4. Auflage 2015), § 13 Rn. 68; Timme/*Dötsch*, WEG (2. Auflage 2014), § 15 Rn. 226; *Häublein/Ott* in Köhler, Anwaltshandbuch (3. Auflage 2013), Teil 17 Rn. 3.

2 BGH, Beschl. v. 15.6.1962 – V ZB 2/62, BGHZ 37, 203 (206); BGH, Beschl. v. 24.11.1978 – V ZB 11/77, BGHZ 73, 145 (148); BGH, Beschl. v. 14.6.1984 – V ZB 32/82, BGHZ 91, 343 (345); Bärmann/*Suilmann*, WEG (13. Auflage 2015), § 13 Rn. 74; ausführlich *Ott*, Das Sondernutzungsrecht im Wohnungseigentum, S. 16 ff.: Die Eintragung als Inhalt des Sondereigentums ist vergleichbar mit Vereinbarungen nach § 2 ErbbauRG, die den Rechtsinhalt des Erbbaurechts bestimmen, nicht jedoch an dem dinglichen Rechtsinhalt teilnehmen; a.A. *Häublein*, Sondernutzungsrechte und ihre Begründung im Wohnungseigentumsrecht, S. 33 ff.; Schneider, Rpfleger 1998, 9 (10); *Ertl*, DNotZ 1979, 267 (273 und 281); *ders.* DNotZ 1988, 4 (19): jeweils für rein schuldrechtlichen Charakter; a.A. *Röll*, Rpfleger 1980, 90; *Moritz*, JZ 1985, 216 (218); *Bärmann*, AcP 155, 1 (10f.); *F. Schmidt*, BWNotZ, 1989, 49 (55): jeweils für dinglichen Charakter.

3 BGH, Beschl. v. 24.11.1978 – V ZB 11/77, BGHZ 73, 145 (149); BayObLG, Beschl. v. 8.11.1985 – BReg. 2 Z 119-122/84, BayObLGZ 1985, 378 (380); Bärmann/*Suilmann*, § 13 Rn. 73; Jennißen/*Schultzky*, § 13 Rn. 68; Timme/*Dötsch*, § 15 Rn. 226.

III. Begründungsmöglichkeiten in der Gemeinschaftsordnung

Die Begründung von Sondernutzungsrechten in der Gemeinschaftsordnung kann auf unterschiedliche Art und Weise geschehen. Die von Rechtsprechung und Schrifttum entwickelten Begründungsmöglichkeiten haben Vor- und Nachteile. Erforderlich ist eine Gestaltung im Einzelfall, weshalb Schubladenlösungen stets einer kritischen Überprüfung unterzogen werden sollten.

1. Zuordnung zu einzelnen Wohnungseigentumsrechten

Sondernutzungsrechte können in der Gemeinschaftsordnung direkt einzelnen Wohnungseigentumsrechten zugeordnet werden.[4] Diese Gestaltungsvariante ist das Mittel der Wahl, wenn eine Zuordnung gleichermaßen erfolgen kann (z.B. ein Kfz-Stellplatz oder ein Keller pro Wohnungseigentum) und/oder eine Änderung der Zuweisung vor Weiterveräußerung nicht erfolgen soll oder nicht in Betracht kommt (z.B. Sondernutzungsrechte an vorgelagerten Gartenflächen, Terrassen oder Balkonen). Eine anderweitige Gestaltung führt in einer solchen Konstellation nicht nur zu einem zusätzlichen Notariatsaufwand, sondern wäre zugleich eine unrichtige Sachbehandlung. Nachteilig ist diese Variante, wenn die Zuordnung vor Veräußerung sämtlicher Wohnungseigentumsrechte geändert werden soll. Ist das begünstigte Wohnungseigentum bereits veräußert oder belastet, bedarf es zur Übertragung des Sondernutzungsrechtes der Zustimmung des begünstigten Wohnungseigentümers (nach überwiegender Meinung auch der Zustimmung eines Vormerkungsberechtigten[5]) und der Zustimmung in ih-

4 *Ott*, Sondernutzungsrecht, S. 53 f.

5 BayObLG, Beschl. v. 4.4.1985 – BReg. 2 Z 50/80, DNotZ 1986, 87 (88); BayObLG, Beschl. v. 30.6.1989 – BReg. 2 Z 47/89, DNotZ 1990, 381 (383); BayObLG, Beschl. v. 29.10.1998 – BReg. 2 Z 148/98, Rpfleger 1999, 123; OLG Frankfurt, Beschl. v. 2.3.1998 – 20 W 54/98, WE 1998, 232 (232); *Böhringer*, ZIR 1997, 68 (70); *Schneider*, Rpfleger 1998, 53 (55); A.A. *Häublein/Ott* in Köhler, Teil 17 Rn. 67; *Häublein*, Sondernutzungsrechte, S. 127; Timme/*Dötsch*, Beck OK, § 15 WEG Rn. 249; *Ott*, Sondernutzungsrecht, S. 79 f.: jeweils unter Verweis auf § 883 Abs. 2 BGB.

ren Rechten beeinträchtigter dinglich berechtigter Dritter gemäß §§ 877, 876 BGB.[6]

2. Zuordnung zu einem Wohnungseigentum

Ferner kann die Begründung von Sondernutzungsrechten dergestalt erfolgen, dass diese zunächst (vorläufig) einem einzigen Wohnungseigentumsrecht zugeordnet werden, das möglichst lange in der Hand des teilenden Eigentümers verbleibt.[7] Das sogenannte »Parken« kommt etwa dann in Betracht, wenn die Planung etwa im Hinblick auf die Außenanlagen noch nicht abgeschlossen ist, aber schon die Veräußerung von Wohnungseigentum stattfinden soll oder wenn sich der Bauträger die Möglichkeit vorbehalten will, flexibel auf Erwerberwünsche zu reagieren. Von Vorteil ist diese Gestaltung in der Praxis vor allen Dingen bei der Aufteilung von vermieteten Bestandsobjekten. Sind etwa Kfz-Stellplätze vermietet, stehen Mieteinnahmen nach der Begründung von Sondernutzungsrechten an diesen Stellplätzen und Zuweisung zu einem Wohnungseigentum nach wie vor dem teilenden Eigentümer als Inhaber des begünstigten Wohnungseigentums zu, wohingegen etwa bei der aufschiebend bedingten Begründung ohne flankierende Regelungen[8] jedem Wohnungseigentümer ein seinem Miteigentumsanteil entsprechender Anteil gebühren würde (§ 16 Abs. 1 WEG). Nachteil des »Parkens« von Sondernutzungsrechten ist insbesondere die später erforderlichen Übertragungen vom begünstigten Wohnungseigentum auf andere Wohnungseigentumsrechte[9], wozu ggf. die Mitwirkung dinglich berechtigter Dritter am verlierenden Wohnungseigentum nach §§ 877, 876 BGB erforderlich ist.

---

6 Ausführlich *Ott*, Sondernutzungsrecht, S. 148 ff.

7 *Rapp*, Beck´sches Notarhandbuch (6. Auflage 2015), Teil A III Rn. 59 ff.; Bärmann/*Suilmann*, § 13 Rn. 87; *Häublein/Ott* in Köhler, Teil 17 Rn. 73 f.; *Abramenko* in Riecke/Schmid, WEG (4. Auflage 2015), § 13 WEG Rn. 30.

8 Siehe dazu Ziffer 3.5.

9 *F. Schmidt*, DNotZ 1984, 698 (699); *Hörer*, Rpfleger 1985, 108 (109): Unübersichtlichkeit des Grundbuchs.

3. Persönliche Einräumung

Praktiziert wird darüber hinaus gelegentlich der Ausschluss aller übrigen Wohnungseigentümer von der Nutzung mit Ausnahme des teilenden Eigentümers[10], d.h. die persönliche Einräumung von Sondernutzungsrechten zugunsten des teilenden Eigentümers. Hier ergeben sich zunächst ähnliche Vor- und Nachteile wie beim »Parken« von Sondernutzungs-rechten. Ein darüber hinausgehender Nachteil liegt darin, dass Sonder-nutzungsrechte im Fall der persönlichen Einräumung beim Tod/Erlöschen des aufteilenden Eigentümers oder dessen Ausscheiden aus der Gemeinschaft mit Veräußerung des letzten Wohnungseigentums erlöschen.[11] Hintergrund ist der Umstand, dass die aus dem gemeinschaftlichen Eigentum fließende Nutzungsbefugnis abweichend von § 13 Abs. 2 WEG im Innenverhältnis einer bestimmten Person zugeordnet wurde aber sachenrechtlich nach wie vor sämtlichen Wohnungseigentümern zusteht.[12]

4. Leistungsbestimmungsrecht

Nach überwiegender Meinung[13] soll die Begründung von Sondernutzungsrechten auch in der Weise möglich sein, dass dem teilenden Eigentümer ein Leistungsbestimmungsrecht nach § 315 BGB eingeräumt wird. Dies kann durch Ermächtigung in der Gemeinschaftsordnung mit Bindungswir-

10 BGH, Urt. v. 2.12.2011 – V ZR 74/11, NZM 2012, 157 ff; OLG Frankfurt, Beschl. v. 25.6.2015 – 20 W 54/15, ZWE 2016, 171 f.; *Rapp*, Beck´sches Notarhandbuch, Teil A III Rn. 60; Bärmann/*Suilmann*, § 13 Rn. 88; *Häublein/Ott* in Köhler, Teil 17 Rn. 75 ff. m.w.N.

11 BGH, Urt. v. 2.12.2011 – V ZR 74/11, NZM 2012, 157 ff; OLG Frankfurt, Beschl. v. 25.6.2015 – 20 W 54/15, ZWE 2016, 171; Ott, Sondernutzungsrecht, S. 56 f.; Rapp, Beck´sches Notarhandbuch, Teil A III Rn. 60; Schöner/Stöber, Grundbuchrecht, Rn. 2913; *Häublein/Ott* in Köhler, Teil 17 Rn. 78; Schneider, ZWE 2012, 171.

12 BayObLG, Beschl. v. 5.10.1972 – BReg. 2 Z 54/72, BayObLGZ 1974, 294 (299); OLG München, Urt. v. 25.7.2013 – 1 U 2067/11, MietRB 2014, 14 f.: zur Notarhaftung bei Begründung nach erloschenem Zuweisungsvorbehalt.

13 BGH, Beschl. v. 17.6.2005 – V ZR 328/03, NZM 2005, 753ff.; OLG München, Beschl. v. 31.7.2007 – 34 Wx 59/07, DNotZ 2008, 289; F. Schmidt, DNotZ 1984, 698 (700); Weitnauer, JZ 1984, 1115 (1116); ders. JZ 1985, 927 (933); Weitnauer/*Lüke*, WEG (9. Auflage 2004), § 15 Rn. 28.

kung gegenüber Sondernachfolgern geschehen oder durch sogenannte Vollmachtlösung[14]. Diese Begründungsmöglichkeit bietet den Vorteil, dass der teilende Eigentümer flexibel auf Erwerberwünsche reagieren kann und das Zuweisungsrecht auch nach Ausscheiden aus der Gemeinschaft fortbesteht. Der entscheidende Nachteil dieser Lösung besteht in den damit verbundenen hohen Kosten. Die Ausübung des Leistungsbestimmungsrechtes im Einzelfall führt stets zu einer Inhalt-sänderung sämtlicher Wohnungseigentumsrechte. Dabei entstehen nach Nr. 14160 Nr. 5 KV GNotKG für jede Inhaltsänderung eine Festgebühr in Höhe von 50,00 EUR und ferner eine 1,0 Notargebühr nach dem vollen Wert gemäß Nr. 24101 KV GNotKG[15]. Angesichts anderer Begründungsmöglichkeiten ist die Regelung von Leistungsbestimmungsrechten nicht zu empfehlen und dürfte zudem im Regelfall eine unrichtige Sachbehandlung darstellen.

5. Aufschiebend bedingter Nutzungsausschluss

Wenn sich der teilende Eigentümer die spätere Zuweisung von Sondernutzungsrechten vorbehalten will oder vorbehalten muss, ist es zu empfehlen, als Inhalt des Sondereigentums den Nutzungsausschluss sämtlicher Wohnungseigentumsrechte aufschiebend bedingt durch die spätere Zuweisung seitens des teilenden Eigentümers zu regeln.[16] Diese Variante hat den Vorteil, dass der Nutzungsausschluss bereits Inhalt eines jeden Sonder-

---

14 Die Vollmachtserteilung in Erwerbsverträgen hat den Nachteil, dass Sondernachfolger nicht gebunden werden können, ebenso wenig wie spätere dinglich berechtigte Dritte. Weitergabeverpflichtungen mit Vertragsstrafen versprechen/bieten keine Sicherheit, weshalb von der Vollmachtlösung Abstand genommen werden sollte. Richtiger Regelungsort ist die Gemeinschaftsordnung.

15 OLG München, Beschl. v. 11.8.2014 – 34 Wx 319/14 Kost, Rpfleger 2015, 50; siehe auch OLG München, Beschl. v. 23.4.2015 – 34 Wx 122/15, NZM 2015, 942 f.: zu Kosten bei Inhaltsänderung.

16 BGH, Urt. v. 20.1.2012 – V ZR 125/11, MDR 2012, 702; OLG Frankfurt, Beschl. v. 25.6.2015 – 20 W 54/15, ZWE 2016, 171; BayObLG, Beschl. v. 8.11.1985, BReg. 2 Z 119-122/84, DNotZ 1986, 479 (484); OLG Düsseldorf, Beschl. v. 28.8.1985 – 1 Ws 384/85, Rpfleger 1986, 132 ff.; OLG Hamm, Beschl. v. 13.8.1996 – 15 W 115/96, NJWE-MietR 1997, 281 (282); BayObLG, Beschl. v. 8.11.1985 – BReg. 2 Z 119-122/84, DNotZ 1986, 479 (484); Ertl, DNotZ 1986, 485; *Raststätter*, BWNotZ 1988, 134 (138); *Schneider*, Rpfleger 2001, 536; *Häublein/Ott* in Köhler, Teil 17 Rn. 80 m.w.N.

eigentums ist und deshalb bei späterer Zuweisung (Bedingungseintritt) eine Zustimmung der übrigen Wohnungseigentümer oder der Inhaber beschränkter dinglicher Rechte nicht mehr erforderlich ist.[17] Zudem erlischt das Zuweisungsrecht nicht durch Ausscheiden des teilenden Eigentümers aus der Gemeinschaft, da sämtliche Wohnungseigentumsrechte nur aufschiebend bedingt von der Nutzung von Teilen des Gemeinschaftseigentums ausgeschlossen sind, d.h. bis zum Bedingungseintritt alle Wohnungseigentümer vom Mitgebrauch nach § 13 Abs. 2 Satz 1 WEG und zur anteiligen Fruchtziehung nach § 13 Abs. 2 Satz 2, 16 Abs. 1 WEG befugt sind (§ 158 Abs. 1 BGB).[18] Obacht ist bei der Aufteilung vermieteter Bestandsobjekte zu geben. Wegen des nur aufschiebend bedingten Nutzungsausschlusses stünden die Mieteinnahmen hier sämtlichen Wohnungseigentümern zu, was aus Sicht des teilenden Eigentümers nicht immer erwünscht ist. Hier kann in der Gemeinschaftsordnung eine von § 16 Abs. 1 WEG abweichende Regelung getroffen werden, wonach dem teilenden Eigentümer auch vor Zuweisung von Sondernutzungsrechten die Rechtsfrüchte in Gestalt der Mieteinnahmen der betreffende Teil des Gemeinschaftseigentums (z.B. Kfz-Stellplätze) zustehen.[19]

6. Vollzugsprobleme

Gerade bei der Begründung eines persönlichen Sondernutzungsrechtes oder einer Begründung durch Leistungsbestimmungsrecht/Zuweisungsvorbehalt lehnen die Grundbuchämter eine Eintragung im Grundbuch gelegentlich mit der Begründung ab, es könne nicht in der Form des § 29 GBO nachgewiesen werden, dass Sondernutzungsrechte nicht außerhalb des Grundbuchs begründet und zwischenzeitlich übertragen wurden. Durch Zwischenverfügung wird dann aufgegeben eine Bewilligung aller Wohnungseigentümer und eine Zustimmung sämtlicher beeinträchtigter dinglich berechtigter Dritter formgerecht beizubringen.[20] Gegen eine sol-

---

17 *Häublein/Ott* in Köhler, Teil 17 Rn. 80 m.w.N.

18 LG München II, Beschl. v. 11.3.2004 – 6 T 4956/03, MittBayNot2004, 366f.

19 *Häublein/Ott* in Köhler, Teil 17 Rn. 85.

20 OLG München, Beschl. v. 27.5.2014 – 34 Wx 149/14, ZMR 2015, 469 f.: zur Zuweisung; OLG Frankfurt, Beschl. v. 25.6.2015 – 20 W 54/15, ZWE 2016, 171 f.: zur Übertragung bei persönlicher Begründung.

che Sichtweise spricht, dass die erstmalige Begründung von Sondernutzungsrechten durch Leistungsbestimmungsrecht / Zuweisung zu einem Wohnungs- bzw. Teileigentum erst mit der Eintragung im Grundbuch vollendet ist und die Abtretung eines nicht existierenden Sondernutzungsrechtes ausscheidet. Die Auslegung ergibt im Regelfall, dass sich das Leistungsbestimmungsrecht / der Zuweisungsvorbehalt auf eine Begründung von Sondernutzungsrechten als Inhalt des Sondereigentums und nicht nur auf eine nur schuldrechtliche Einräumung bezieht.[21] Um Schwierigkeiten vorzubeugen, sollte in der Gemeinschaftsordnung/ in Erwerbsverträgen klar geregelt werden, dass eine Leistungsbestimmung/ Zuweisung nur durch Inhaltsänderung des Sondereigentums erfolgen kann.

Gestaltungsvorschlag (Zuweisungsvorbehalt):

»Der Erschienene (= teilender Eigentümer) … ist befugt, Sondernutzungsrechte an Kfz-Stellplätzen (in dem als Anlage 2 beigefügten Lageplan vom … mit »SNR 1 bis SNR 6« bezeichnet und schraffiert dargestellt) durch Zuweisung zu einzelnen Wohnungs- bzw. Teileigentumsrechten und Eintragung als Inhalt des Sonder-eigentums zu begründen. Die übrigen Wohnungs- und Teileigentümer sind hierdurch aufschiebend bedingt von der Nutzung ausgeschlossen.«

Gegen die Auffassung[22] ein zugunsten des teilenden Eigentümers eingeräumtes persönliches Sondernutzungsrecht könne durch bloße Abtretung gemäß § 398 BGB übertragen werden spricht folgendes: Geht man mit der h.M. davon aus, dass die Begründung eines persönlichen Sondernutzungsrechtes zu einer Inhaltsänderung sämtlicher Wohnungseigentümer führt, dernach abweichend von § 13 Abs. 2 WEG nur noch der begünstigte Wohnungseigentümer zur alleinigen Nutzung von Teilen des Gemeinschaftseigentums befugt ist, scheidet eine Übertragung durch Abtretung aus. Vielmehr ist eine Übertragung dann ausschließlich gemäß §§ 877, 873 BGB durch Einigung und Eintragung im Grundbuch (und zwar allein in den beiden betroffenen Wohnungsgrundbüchern) möglich.[23]

---

21 In dem vom OLG München (Rn. 20) mitgeteilten Sachverhalt war gerade die Ermächtigung des teilenden Eigentümers geregelt, Sondernutzungsrechte *„einem Sondereigentum zuzuweisen“*. Das Sondernutzungsrecht konnte mithin außerhalb des Grundbuchs nicht entstehen.

22 OLG Frankfurt, Beschl. v. 25.6.2015 – 20 W 54/15, ZWE 2016, 171 (172).

23 BGH, Beschl. v. 24.11.1978 – V ZB 11/77, BGHZ 73, 145 (149); BGH, Beschl. v. 3.7.2008 – V ZR 20/07, NZM 2008, 732 (734); Merle, Rpfleger 1978, 86 (87);

Zur Vermeidung späterer Irritationen ist auch hier vorsorglich auf eine klare Gestaltung in der Gemeinschaftsordnung zu achten.

Gestaltungsvorschlag (Übertragung persönliches Sondernutzungsrecht):

»Der Erschienene (= teilender Eigentümer) … ist befugt, die Kfz-Stellplätze (in dem als Anlage 2 beigefügten Lageplan mit »SNR 1 bis SNR 6« bezeichnet und schraffiert dargestellt) unter Ausschluss aller übrigen Wohnungseigentümer allein zu nutzen. Eine Übertragung der Sondernutzungsrechte durch den teilenden Eigentümer ist nur dadurch möglich, dass diese jeweils zum Inhalt des Sonder-eigentums eines anderen Wohnungs- oder Teileigentums gemacht werden. Eine Übertragung durch Abtretung ist ausgeschlossen.«

IV. Inhaltliche Ausgestaltung

Anlässlich der Begründung von Sondernutzungsrechten gilt es im Blick zu haben, dass ein solches Recht nur die Befugnis zur alleinigen Nutzung von Teilen des Gemeinschaftseigentums abweichend von § 13 Abs. 2 WEG gewährt. Dies allein spiegelt häufig nicht die Interessenlage wieder.

1. Übliche Regelungsgegenstände

Es entspricht regelmäßig den wohlverstandenen Interessen (gleichermaßen als Kompensation für die alleinige Nutzungsbefugnis) die Pflicht zur Instandhaltung und Instandsetzung sowie Kostentragung auf den Sondernutzungsberechtigten zu überwälzen. Desgleichen sollte der zulässige Nutzungsumfang vorausschauend durch Ge- und Verbote geregelt werden (z.B. Vermietungsbeschränkungen: Vermietung nur an andere Wohnungseigentümer oder deren Mieter). Ferner empfiehlt es sich, dem Sondernutzungsberechtigten die Erfüllung von Verkehrssicherungs-pflichten aufzuerlegen und ggfs. diesem die Befugnis zur Vornahme bestimmter baulicher Veränderungen einzuräumen.[24]

Becker/Ott/Suilmann, Wohnungseigentum (3. Auflage 2015), Rn. 297; *Ott* in Deckert, Die Eigentumswohnung, Gr. 3 Rn. 322.

24 Zu Einzelheiten *Häublein/Ott* in Köhler, Teil 17 Rn. 105 ff.; Bärmann/*Suilmann*, § 13 Rn. 98 f. und 118 ff.; Becker/Ott/Suilmann, Rn. 281 ff.

2. Kombination mit An-, Auf- und Ausbaubefugnissen

Einen erhöhten Gestaltungsaufwand erfordert die Kombination von Sondernutzungsrechten mit An-, Auf- oder Ausbaubefugnissen, d.h. die Einräumung der Befugnis zur Vornahme baulicher Veränderungen durch den Sondernutzungsberechtigten.[25] Der Inhaber eines Sondernutzungsrechtes ist entgegen einem häufig anderweitigen Verständnis per se nicht zur Vornahme baulicher Veränderungen befugt, sondern nur unter den restriktiven Voraussetzungen des § 22 Abs. 1 WEG.[26] Dies erfordert etwa beim Aufzugsanbau, beim Dachgeschossausbau oder der Errichtung von An- bzw. Aufbauten eine sorgfältige und klare Regelung der jeweiligen Befugnisse. Ein notarielles Versagen führt hier ganz häufig zu einem späteren erhöhten Konfliktpotential mit erheblichen wirtschaftlichen Folgen (Ausübung von Beseitigungs- und Wiederherstellungsansprüchen).

Als Vorfrage ist zu klären, ob die Begründung von Sondernutzungsrechten in Kombination mit der Regelung zulässiger baulicher Veränderungen überhaupt das richtige Regelungsinstrument ist. Gerade beim Dachgeschossausbau oder der Errichtung eines Anbaus (z.B. mehrgeschossiges Quergebäude) ist Ziel häufig die Begründung von Wohnungs- oder Teileigentum. Hier stellt sich das Problem, dass (neben einer sinnvollen Verteilung der Miteigentumsanteile bei Geltung des gesetzlichen Kostenverteilerschlüssels) zusätzlich Änderungsvorbehalte geregelt werden müssen (Befugnis zur Umwandlung von Gemeinschaftseigentum in Sondereigentum). Dabei ist zu beachten, dass in der Gemeinschaftsordnung geregelte Änderungsvorbehalte unwirksam sind. Diese betreffen das sachenrechtliche Grundverhältnis, nicht aber das Verhältnis von Wohnungseigentümern zueinander im Sinne des § 10 Abs. 2 Satz 2 WEG und können deshalb nicht Gegenstand einer Vereinbarung sein, mithin auch nicht zu einer Bindungswirkung gegenüber Sondernachfolgern nach § 10 Abs. 3 WEG führen.[27] Die Vorschriften der §§ 1 bis 9 WEG enthalten bezüglich der Eigentumszuordnung keine der Vorschriften des § 10 Abs. 3 WEG

---

25 Ausführlich *Hügel*, RNotZ 2005, 149 ff.

26 BGH, Urt. v. 22.6.2012 – V ZR 73/11, ZWE 2012, 377 (378); BGH, Beschl. v. 30.3.2006 – V ZB 17/06, NZM 2006, 465 f.; Bärmann/*Suilmann*, § 13 Rn. 98; *Ott*, Sondernutzungsrecht, S. 122.

27 BGH, Beschl. v. 4.4.2003 – V ZR 322/02, NJW 2003, 2165 m.w.N.; Bärmann/Suilmann, § 10 Rn. 92

entsprechende Bestimmung. Richtiger Regelungsort für Änderungsvorbehalte sind deshalb allein (sämtliche) Erwerbsverträge. Diese müssen den Vorgaben des § 308 Nr. 4 BGB und der Klauselricht-linie 93/13/EWG Anhang 1 k) entsprechen.[28] Das Sondernachfolger-problem kann dabei nur unbefriedigend gelöst werden. Möglich sind lediglich vertragsstrafenbewehrte Weitergabeverpflichtungserklärungen. Ein schuldrechtlicher Anspruch des jeweiligen Inhabers des begünstigten Wohnungs- oder Teileigentums auf Umwandlung des betreffenden Teils des Sondereigentums in Gemeinschaftseigentum kann nicht durch Vormerkung gesichert werden, da die Änderung der Eigentumsart keine Inhaltsänderung im Sinne des § 883 Abs. 1 BGB ist. Die Praxis steht hier vor der Schwierigkeit, dass im Zeitpunkt der avisierten Umwandlung stets geprüft werden muss ob sämtliche Erwerbsverträge (einschließlich Weiterveräußerungen) Änderungsvorbehalte enthalten.

In vielen Fällen bietet es sich anstelle von Änderungsvorbehalten an, die betreffenden Räume sogleich dem jeweiligen Sondereigentum zuzuordnen (und zur Vermeidung eines Planungsaufwandes beim teilenden Eigentümer und von Abgeschlossenheitsproblemen) Teileigentum zu begründen. Flankierend sollte die Zulässigkeit einer Wohnnutzung geregelt werden. Dies kann dadurch geschehen, dass in die Gemeinschaftsordnung gemäß §§ 10 Abs. 2 Satz 2, 15 Abs. 2 WEG eine entsprechende Gebrauchsregelung aufgenommen wird. Damit wäre zugleich die bei Änderungsvorbehalten streitige Frage umschifft, ob die Umwandlung von Teileigentum in Wohnungseigentum, d.h. eine Änderung der Zweckbestimmung im weiteren Sinn, wegen der Bestimmung in §§ 1 und 3 WEG ein sachenrechtlicher Vorgang im Sinne der §§ 873, 876, 877 BGB[29] oder nur eine Gebrauchsregelung im Sinne des § 15 Abs. 2 WEG ist[30]. Nur nach der letztgenannten Auffassung könnte der Änderungs-vorbehalt in der Gemeinschaftsordnung geregelt werden, wohingegen nach der erstgenannten Ansicht (wie beim Vorbehalt einer späteren Umwandlung von Ge-

---

28 OLG München, Beschl. v. 29.7.2014 – 34 Wx 138/14, NZM 2015, 632 ff.: zur im Außenverhältnis unbeschränkten Vollmacht.

29 BayObLG, Beschl. v. 6.12.2000 – 2 Z BR 89/00, NJW-RR 2001, 1163; Ott, ZfIR 2005, 129 ff.; Becker/Ott/Suilmann, Rn. 7.

30 KG, Beschl. v. 23.4.2013 – 1 W 343/12, NotBZ 2013, 305; OLG München, Beschl. v. 11.11.2013 – 34 Wx 335/13, ZWE 2014, 121 f.; Bärmann/Armbrüster, § 1 WEG Rn. 27 ff.

meinschaftseigentum in Sondereigentum) eine Regelung nur in Erwerbsverträgen möglich wäre.[31] Da diese Frage bislang höchstrichterlich nicht geklärt ist, könnte eine Regelung sowohl in der Gemeinschaftsordnung als auch in den einzelnen Erwerbs- und Weiterveräußerungsverträgen erwogen werden, um für den Fall der höchstrichterlichen Annahme einer sachenrechtlichen Bedeutung der Zweck-bestimmung »Wohnungs- und Teileigentum) zumindest auf die vertrag-lichen Änderungsvorbehalte zurückgreifen zu können.

Die Regelung eines freien und umfassenden Ausbaurechts[32] sollte vermieden werden. Ein solches schafft absehbar Unfrieden. Dem Begünstigten sollte ein Mindestmaß an Beschränkungen auferlegt werden, etwa hinsichtlich des äußeren Erscheinungsbildes. Darüber hinaus ist etwa an Regelungen zur Bauzeit und zum Erlöschen der Befugnis zur Vornahme baulicher Veränderungen, zu Sicherheitsleistungen (z.B. für den Fall der Beschädigung von Sonder-/Gemeinschaftseigentum und/oder Mängeln der Bauleistung), deren Rückgabe / Abschmelzung bei Beseitigungskosten unterhalb des Höchstbetrages, Informations- und Dokumentationspflichten, beschränkte Betretungsrechte (z.B. wesentliche Bauabschnitte wie Einbringen Unterspannbahr/Dämmung/Dampfsperre), zur Kostentragung über die bloßen Errichtungskosten hinaus (Folgekosten), zeitliche Limitierung von Kostenbefreiungen, Überschwenkerlaubnisse (z.B. bei rückwärtiger Grundstücksbebauung ohne Zugang für Fahrzeuge) etc. zu denken.

V. Bestimmtheitsgrundsatz, Eintragungsantrag und -bewilligung

Sollen Sondernutzungsrechte – wie im Regelfall – als Inhalt des Sondereigentums im Grundbuch eingetragen werden, müssen diese dem Bestimmtheitsgrundsatz entsprechen, d.h. es muss eindeutig feststellbar sein, an welchen Teilen des gemeinschaftlichen Eigentums diese bestehen sol-

---

31 Siehe dazu Fn. 26.

32 „Dem Ausbauberechtigten ist überhaupt alles gestattet, was dieser für zweckmäßig hält. Zulässig sind sämtliche Eingriffe in das Gemeinschaftseigentum, insbesondere Änderung des Dachstuhls, der Dacheindeckung, das Herstellen von Gauben, Dachterrassen einschließlich Aufdachterrassen, Anschluss an Ver- und Entsorgungsleitungen oder das Verlegen eigener Leitungen auch durch fremdes Sondereigentum …“.

len.[33] Dabei ist auf einen klaren und eindeutigen Verbalbeschrieb zu achten.[34] Bei der Inbezugnahme von Plänen darf der Verbalbeschrieb diesen nicht widersprechen.

Darüber hinaus müssen Sondernutzungsrechte Gegenstand des Eintragungsantrages und der Eintragungsbewilligung sein. Dies ist nicht der Fall, wenn Sondernutzungsrechte ausdrücklich davon ausgenommen sind, wenn diese atypisch in der Teilungserklärung geregelt sind und sich Antrag und Bewilligung nur auf die »Aufteilung« beziehen[35] oder wenn diese zwar richtig in der Gemeinschaftsordnung geregelt sind, Eintragungsbewilligung und Antrag sich darauf aber nicht beziehen.[36] Sondernutzungsrechte sind dann nicht über § 7 Abs. 3 WEG Grund-buchinhalt geworden. Die Bewilligung muss nachgeholt werden, was bei inzwischen erfolgter Veräußerung oder Belastung wegen des Zustimmungserfordernisses nach §§ 877, 873 bzw. 877, 876 BGB mitunter problematisch ist.[37] Eine Berichtigung nach § 44a Abs. 2 BeurkG oder die Eintragung eines Klarstellungsvermerks nach § 22 GBO scheiden in diesen Fällen aus, da hierdurch unklare Eintragungsanträge bzw. –bewilligungen nicht korrigiert werden können.[38]

---

33 BGH, Urt. v. 20.1.2012 – V ZR 125/11, ZWE 2012, 258 (259); BGH, Urt. v. 22.6.2012 – V ZR 73/11, ZWE 2012, 377 (378), OLG Hamm, NZM 2000, 659; BayObLG, ZWE 2002, 583; LG Hamburg, ZMR 2010, 62 (63); Bärmann/*Suilmann*, § 13 Rn. 90.

34 Negativbeispiel aus der Praxis: „Dem jeweiligen Inhaber des Teileigentums Nr. 31 (Flachbau) wird an dem Luftraum über dem Dach des Teileigentums Nr. 31 in den Grenzen der Grundfläche bis zur Höhe des Dachfirstes der angrenzenden Bebauung ein Sondernutzungsrecht mit der Befugnis zum Aufbau gemäß § 5 eingeräumt.“ Die angrenzende Bebauung weist unterschiedliche Firsthöhen auf.

35 Gegenstand der Bewilligung ist jeweils die Verbindung von Sondereigentum mit einem Miteigentumsanteil und die Zweckbestimmung im weiteren Sinn, nicht aber die Eintragung von Sondernutzungsrechten als Inhalt des Sondereigentums.

36 KG, Beschluss v. 16.01.2014 – 1 W 307–469/13 (unveröff.).

37 Nach h. M. soll trotz § 883 Abs. 2 BGB die Zustimmung von Vormerkungsberechtigten erforderlich sein, siehe dazu Ziffer 3.1 (Nachweise Fn. 5).

38 KG, Beschluss v. 16.01.2014 – 1 W 307–469/13 (unveröff.).

VI. Verfügungen

1. Übertragung

Zur Übertragung eines im Grundbuch eingetragenen Sondernutzungsrechtes ist nach §§ 877, 873 BGB eine Einigung des Inhabers des bislang begünstigten Wohnungs- bzw. Teileigentums und des Inhabers des zukünftig berechtigten Wohnungs- bzw. Teileigentums erforderlich sowie eine Zustimmung beeinträchtigter dinglich berechtigter Dritter am »verlierenden« Wohnungseigentum nach §§ 877, 876 BGB.[39] Formell-rechtlich bedarf es der Bewilligung des Sondernutzungsberechtigten und etwaig beeinträchtigter dinglich berechtigter Dritter (§§ 19, 29 GBO). Eine Zustimmung der übrigen Wohnungseigentümer ist nicht erforderlich, da sich der Inhalt ihres Wohnungseigentums nicht verändert; dieser ist nach wie vor durch den Nutzungsausschluss gekennzeichnet.

Solange der teilende Eigentümer noch Inhaber sämtlicher Wohnungseigentumsrechte ist und noch keine sog. werdende Gemeinschaft[40] entstanden ist (Folge ist dann die analoge Anwendung von §§ 10 ff. WEG), kann dieser durch einseitige Erklärung gegenüber dem Grundbuchamt und Eintragung im Grundbuch bei Zustimmung beeinträchtigter dinglich Berechtigter ein Sondernutzungsrecht zum Inhalt eines anderen Wohnungseigentums machen. Hier hat der Notar, der zugleich auch die Erwerbsverträge beurkundet, darauf zu achten, dass sich der teilende Eigentümer dadurch nicht vertragsuntreu verhält.

Die Übertragung eines nicht im Grundbuch eingetragenen Sondernutzungsrechts erfolgt durch bloßen Abtretungsvertrag nach § 398 BGB zwischen dem bislang und dem zukünftig begünstigten Wohnungseigentümer.[41] Eine Übertragung an einen außenstehenden Dritten ist ausgeschlossen.[42]

---

39 Becker/Ott/Suilmann, Rn. 297; *Abramenko* in Riecke/Schmid, § 13 WEG Rn. 36.

40 BGH, Urt. v. 11.12.2015 – V ZR 80/15, ZWE 2016, 169; BGH, Beschl. v. 5.6.2008 – V ZB 85/07, ZfIR 2008, 866 (867).: Voraussetzung ist ein wirksamer Erwerbsvertrag, eine Auflassungsvormerkung zugunsten des Erwerbers und Besitz-, Kosten- und Lastenwechsel.

41 BGH, Beschl. v. 24.11.1978 – V ZB 11/77, BGHZ 73, 145 (148); Becker/Ott/Suilmann, Rn. 295.

42 *Ertl*, DNotZ 1988, 4 (11).

2. Inhaltsänderung

Die Befugnis des teilenden Eigentümers zur Inhaltsänderung eines Sondernutzungsrechts, d.h. zur Erweiterung oder Beschränkung der Befugnisse des Begünstigten endet nach wiederum, sobald eine sog. werdende Gemeinschaft entstanden ist. Ab diesem Zeitpunkt bedarf es einer Einigung sämtlicher (werdender) Wohnungseigentümer und der Eintragung in den Wohnungsgrundbüchern sowie der Zustimmung beeinträchtigter dinglich berechtigter Dritter (§§ 877, 873, 876 BGB).[43]

3. Aufhebung

Da die Begründung eines im Grundbuch eingetragenen Sondernutzungsrechtes zu einer Inhaltsänderung sämtlicher Wohnungseigentumsrechte führt und deshalb nach Entstehen einer Wohnungseigentümergemeinschaft einer Einigung sämtlicher Wohnungseigentümer und der Eintragung in sämtlichen Wohnungsgrundbüchern bedarf (§§ 877, 873 BGB), könnte man zu der Annahme neigen, die Aufhebung eines eingetragenen Sondernutzungsrechts erfordere als actus contrarius ebenfalls eine Einigung sämtlicher Wohnungseigentümer und eine Eintragung in sämtlichen Wohnungsgrundbüchern nach §§ 877, 873 BGB.[44] Nach Ansicht des BGH[45] genügt dagegen die Abgabe einer Löschungsbewilligung durch den Begünstigten. Das Sondernutzungsrecht soll dann als schuldrechtliches Sondernutzungsrecht fortbestehen, welches seinerseits jedoch nur durch eine Vereinbarung nach § 10 Abs. 2 Satz 2 WEG (und nicht durch einseitigen Verzicht) aufgehoben werden könne. Jenseits der dogmati-

---

43 BayObLG, Beschl. v. 28.3.20001 – 2 Z BR 138/00, ZMR 2001, 480; Jennißen/*Schultzky*, § 13 Rn. 110; *Häublein/Ott* in Köhler, Teil 17 Rn. 168 ff.; *Abramenko* in Riecke/Schmid, § 13 WEG Rn. 50.

44 OLG Düsseldorf, Beschl. v. 19.7.1995 – 3 Wx 201/95, DNotZ 1996, 674; BayObLG, Beschl. v. 30.3.2000 – 2 Z BR 18/00, ZMR 2000, 472 (473); OLG Hamm, Beschl. v. 15.8.1996 – 15 W 58/96, DWE 1997, 119 ff.; *Ott*, Sondernutzungsrecht, S. 166 f.: An die Stelle des vereinbarten Eigentumsinhalts soll wieder der gesetzliche Eigentumsinhalt nach § 13 Abs. 2 WEG treten.

45 BGH, Beschl. v. 13.9.2000 – V ZB 14/00, ZMR 2001, 199 f.

schen Bedenken[46] dürfte diese Rechtsprechung jedenfalls nicht für den praxisrelevanten Regelfall gelten, wonach dem Sondernutzungsberechtigten zugleich auch abweichend vom Gesetz Pflichten auferlegt werden (z.B. Instandhaltung und Instandsetzung des sondergenutzten Gegenstandes). Hier bedarf es auch auf der Grundlage der Ansicht des BGH zumindest formell-rechtlich einer Bewilligung der übrigen Wohnungseigentümer und beeinträchtigter dinglich berechtigter Dritter, da diese von der Löschung i. S. d. § 19 GBO betroffen sind.

VII. Zusammenfassung

Für den teilenden Eigentümer gibt es verschiedene Möglichkeiten der Begründung von Sondernutzungsrechten, die jeweils Vor- und Nachteile aufweisen. In der Praxis gilt es, die richtige Option zu wählen. Soll die Einräumung von Sondernutzungsrechten erst später im Zusammenhang mit einer Weiterveräußerung einzelner Wohnungseigentumsrechte erfolgen, bietet sich der durch die Zuweisung durch den teilenden Eigentümer aufschiebend bedingte Nutzungsausschluss sämtlicher Wohnungseigentumsrechte an. Die Eintragung von Sondernutzungsrechten im Grundbuch führt zu einer Inhaltsänderung sämtlicher Wohnungseigentumsrechte (§ 877 BGB), wobei an die Stelle des gesetzlichen Eigentumsinhalts nach § 13 Abs. 2 WEG der vereinbarte Eigentumsinhalt tritt. Die Begründung von Sondernutzungsrechten in der Teilungserklärung mit Gemeinschaftsordnung erfordert eine vorausschauende und interessengerechte inhaltliche Ausgestaltung. Von Schubladenlösungen sollte Abstand genommen werden, vor allem bei Kombination mit An-, Auf- oder Ausbaubefug-nissen. Stets ist auf eine bestimmte Bezeichnung des Teils des Gemeinschaftseigentums zu achten, der Gegenstand eines Sondernutzungsrechtes sein soll. Die Übertragung eines im Grundbuch eingetragenen Sondernutzungsrechtes erfordert eine Einigung des Berechtigten und des Inhabers des zu-

46 *Müller*, ZMR 2000, 473; *Häublein*, ZMR 2001, 120; *Ott* ZMR 2002, 7 (9 ff.). Der BGH übersieht, dass materiell-rechtlich eine Inhaltsänderung sämtlicher Wohnungseigentumsrechte i.S.d. § 877 BGB stattfindet, weshalb eine Einigung aller Wohnungseigentümer und eine Eintragung in sämtlichen Wohnungsgrundbüchern erforderlich ist. Die lediglich formell-rechtliche Bewilligung des Begünstigten genügt nicht.

künftig begünstigten Wohnungseigentums und eine Eintragung in den betreffenden Wohnungsgrundbüchern sowie eine Zustimmung beeinträchtigter dinglich berechtigter Dritter am verlierenden Wohnungseigentum. Für eine Inhaltsänderung des im Grundbuch eingetragenen Sondernutzungsrechts bedarf es einer Einigung zwischen sämtlichen Wohnungseigentümern und der Eintragung in sämtlichen Wohnungsgrundbüchern nebst Zustimmung beeinträchtigter dinglich berechtigter Dritter. Zur Aufhebung eines im Grundbuch eingetragenen Sondernutzungsrechts genügt nach unzutreffender Auffassung des BGH die Abgabe einer Löschungsbewilligung jedenfalls dann, wenn nicht zugleich auch Pflichten begründet worden sind. Das Sondernutzungsrecht soll in diesen Fällen als schuldrechtliches Sondernutzungsrecht fortbestehen, solange dieses nicht durch Vereinbarung der Wohnungseigentümer nach § 10 Abs. 2 Satz 2 WEG aufgehoben wird.

Überlegungen zum Entwurf einer Gemeinschaftsordnung für eine Mehrhausanlage vor dem Spiegel aktueller BGH-Rechtsprechung

Oliver Elzer[*]

I. Einführung

Eine Mehrhausanlage – zum Begriff unter II. – wird vom WEG so behandelt, als beständen keine rechtlichen Unterschiede gegenüber jeder anderen Wohnungseigentumsanlage.[1] Diese Sichtweise wird den Wohnungseigentümern nicht immer geteilt. Mancher Wohnungseigentümer wird es vielmehr als »richtig« ansehen, dass es für das Haus, in dem sein Sondereigentum liegt, besondere Bestimmungen gibt, die dieses Haus gegenüber anderen Häusern der Wohnungseigentumsanlage qualifiziert. Ferner mag es der aufteilende Eigentümer, in der Regel ein Bauträger, als angemessen ansehen, sich vom Notar für bestimmte Bereiche der Wohnungseigentumsanlage, für die *keine* Veräußerung geplant ist, Sonderregelungen schaffen zu lassen. Es kann sich aus diesen und anderen Gründen anbieten, bei der Entwicklung einer Gemeinschaftsordnung für eine Mehrhausanlage von der Möglichkeit des § 10 Abs. 2 Satz 2 WEG Gebrauch zu machen und dort, wo ein Anlass gesehen wird, *abweichende* Bestimmungen zu treffen – soweit das Gesetz eine solche Abweichung zulässt und billigt.[2]

Der Beitrag widmet sich vor diesem Hintergrund der begrenzten Frage, was für den Notar vor dem Spiegel aktueller BGH Rechtsprechung soweit vorhanden – insoweit bei der Gestaltung der Gemeinschaftsordnung[3]

---

* Dr. Oliver Elzer ist Richter am Kammergericht sowie am Berliner Anwaltsgerichtshof. Dieser Betrag ist bereits in notar 2016, 201-209 erschienen.

1 *Hügel/Elzer*, WEG, 1. Auflage 2015, § 10 Rn. 53 und Vor §§ 23 ff. Rn. 67.

2 Neuere, allgemeine Fragestellungen zur Gemeinschaftsordnung werden dargestellt bei *Elzer*, NotBZ 2016, 166 ff.

3 Zum Begriff *Elzer*, NotBZ 2016, 166.

zu beachten ist.[4] Nicht berührt werden also *sachenrechtliche* Fragestellungen, etwa was bei der abschnittsweisen Errichtung von Mehrhausanlagen[5] oder grundstücksübergreifenden Tiefgaragen gilt.[6] Ungeachtet dessen sei (auch) hier daran erinnert, dass es auch die sachenrechtlichen Fragen im Zusammenhang mit einer Mehrhausanlage erfordern, sich *intensiv* mit der *konkreten* Wohnungseigentumsanlage und ihren baulichen *Besonderheiten* zu beschäftigen. Haben die einzelnen Häuser Innenhöfe, ist etwa zu klären, ob daran ein einzelner Wohnungseigentümer Sondereigentum[7] haben soll.[8] Und enden die Versorgungsleitungen für ein in Wohnungseigentum aufgeteiltes Doppelhaus in einem Kellerraum eines Wohnungseigentums, ist zu fragen, ob der Kellerraum überhaupt in Sondereigentum stehen *kann*.[9] Verneinte man die Frage, droht mit Blick auf § 5 Abs. 2 WEG, dass *weitere* Räume nicht im Sondereigentum stehen können.[10] Es ist solchen Fällen daher beispielsweise über eine Außentreppe, die zum Kellerraum führt, sowie über Sondernutzungsrechte an der Treppe und am Kellerraum nachzudenken.

Weiter ist darauf hinzuweisen, dass die Wohnungseigentümer, deren Sondereigentum in einem Haus einer Mehrhausanlage liegt, auch dann, wenn durch Vereinbarungen eine weitgehende Trennung der jeweiligen Häuser gelungen sein sollte, *keine rechtsfähige Untergemeinschaft bil-*

---

4 Siehe auch *Häublein*, Mehrhausanlagen und Rechtsfähigkeit der Gemeinschaft, ZWE 2010, 149 ff., *Hügel*, Die Mehrhausanlage nach der Reform des WEG, NZM 2010, 8 ff., *Moosheimer*, ZMR 2014, 602 ff. und 687 ff., *Rüscher*, Besonderheiten der Vermögensverwaltung in Mehrhausanlagen, ZWE 2015, 237 ff. und *Tank*, Die Mehrhausanlagen im Wohnungseigentumsrecht, MietRB 2015, 344 ff.

5 Dazu etwa *Schmidt*, Die sukzessive Begründung von Wohnungseigentum bei Mehrhausanlagen, ZWE 2005, 58 ff., *Hügel*, Sicherheit durch § 12 WEG bei der abschnittsweisen Errichtung von Mehrhausanlagen, DNotZ 2003, 517, *Rapp*, in: BeckNotar-HdB, 6. Aufl. 2015, A. III. Rn. 36 ff oder beck-online.GROSS-KOMMENTAR/*Müller*, Stand: 01.04.2016, § 2 Rn. 132 ff.

6 Dazu etwa *Oppermann*, DNotZ 2015, 662.

7 Die Alternative wäre ein (Gruppen-)Sondernutzungsrecht.

8 Eine solche Anordnung ist möglich, wenn man einen unüberdachten Innenhof als einen Raum ansieht, dazu etwa OLG Hamm RNotZ 2016, 166.

9 Dazu zuletzt etwa LG Duisburg NJW-RR 2014, 267 und allgemein *Hügel/Elzer*, WEG, 1. Auflage 2015, § 5 Rn. 26.

10 *Hügel/Elzer*, WEG, 1. Auflage 2015, § 5 Rn. 27.

den.[11] Denn die Wohnungseigentümer, deren Sondereigentum in einem Haus liegt, bilden keinen »selbstständiger Tochterverband« und auch keine Gemeinschaft im Sinne von §§ 741 ff. BGB.[12] Die Wohnungseigentümer, deren Sondereigentum in einem Haus liegt, haben niemals originär eigene, sondern stets nur *abgeleitete Befugnisse.*[13]

II. Begriff der Mehrhausanlage

1. Übliche Wege

Für die Frage, wann man eine Wohnungseigentumsanlage eigentlich als »Mehrhausanlage« ansprechen darf, wird in Praxis und Wissenschaft – wird die Frage gestellt – regelmäßig an die *Bausubstanz* angeknüpft. Eine »Mehrhausanlage« liegt danach dann vor, wenn *mehrere* Häuser (Blöcke, Reihenhäuser, Doppelhäuser) auf dem im gemeinschaftlichen Eigentum stehenden Grundstück stehen. Dieser Weg ist pragmatisch und wird häufig für eine Zuschreibung ausreichen. Ein weiterer Weg besteht darin, vom Begriff der Verwaltung auszugehen. Eine Mehrhausanlage liegt danach dann vor, wenn mehrere Baukörper derart voneinander abgegrenzt und ausgestattet sind, dass Verwaltungsmaßnahmen oder Gebrauchsregelungen in dem einem Baukörper durchgeführt werden können, ohne die Interessen der Eigentümer der anderen zu berühren.[14]

2. Eigener Ansatz

Ein weiterer Weg besteht darin, bei der Begriffsbestimmung davon auszugehen, ob bei der Gestaltung einer Wohnungseigentumsanlage ein tatsächlicher/rechtlicher Bedarf gesehen wird, für einen *bestimmten Kreis von Wohnungseigentümern* Regelungen zu treffen, die diesen Kreis in besonderer Weise gegenüber den anderen Wohnungseigentümern qualifizie-

---

11 OLG München BauR 2013, 1896; OLG Koblenz ZWE 2011, 91; *Hügel*, NotBZ 2008, 169, 173; *Wenzel*, NZM 2006, 321, 324.

12 *Häublein*, ZWE 2010, 149, 150.

13 *Wenzel*, NZM 2006, 321, 324.

14 So *Häublein*, ZWE 2010, 149.

ren. Dieser Bedarf kann bei mehreren oder einzelnen Häusern, bei Baukörpern, etwa eine Garage gesehen werden. Der Bedarf kann aber auch bei einer Etage eines Hauses oder auch nur bei mehreren Sondereigentumsrechten gesehen und nur dort umgesetzt werden. Auf die bauliche Gestaltung oder (Nicht-)Betroffenheit kommt es für diese Begriffsbestimmung nicht an.

Diese – hier bevorzugte – Begriffsbestimmung scheint im Ergebnis auch dem BGH vorzuschweben. Er legte ihn jedenfalls in einem Fall zu Grunde, in dem es zwei »Gebäudekomplexe« (die Häuser 1, 3 und 5 bzw. die Häuser 4 und 6) sowie eine Parkgarage gab. In der Gemeinschaftsordnung dieser Wohnungseigentumsanlage gab es eine Präambel, nach der – »soweit gesetzlich zulässig und wirtschaftlich tatsächlich ausscheidbar« – »Wohngebäude« und »Parkhaus« je als selbständige Einheit angesehen und behandelt werden sollten, insbesondere für Instandhaltung und Instandsetzung des gemeinschaftlichen Eigentums »dieser Anlagen«, für die Wiederaufbauverpflichtung, für die Ermittlung und Verteilung der laufenden Kosten, für die Instandhaltungsrückstellung und die Versammlung. Bei Beschlüssen, die nur das Parkhaus betreffen, sollten nur die Sondereigentümer und Sondernutzungsberechtigten des Parkhauses ein Stimmrecht haben, für Beschlüsse, die »das Wohngebäude« betreffen, hingegen nur die Sondereigentümer des Wohngebäudes. Nach Ansicht des BGH bezeichnete der Begriff »Wohngebäude« die beiden Wohngebäudekomplexe. Dass die einzelnen Häuser eine »Einheit« seien, sei nicht erkennbar.

III. Präambel

Um den Rechtsanwendern den Willen des Gestalters, bestimmte Bereiche einer Mehrhausanlage als »besonders« anzusehen, zu verdeutlichen und vor allem um in Zweifelsfällen die Richtung der Auslegung der entsprechenden Vereinbarung zu erleichtern, ist vorstellbar, der Gemeinschaftsordnung eine »Präambel« voranzustellen.[15] Für dieses Vorgehen spricht, dass eine Präambel die *Auslegung* von Vereinbarungen erleichtern kann.[16]

---

15 Siehe etwa *Boeckh*, FormularBibliothek Vertragsgestaltung, 2. Aufl. 2012, § 3 Rn. 56 sowie *Langhein*, NotarFormulare Wohnungseigentumsrecht, 2014, § 2 Rn. 16 und Rn. 34.

16 Siehe etwa OLG München ZWE 2012, 316.

Das Gegenteil ist aber auch möglich. Etwa bei der unter II. zitierten Präambel war ebenso vorstellbar – und wohl sogar naheliegend –, jedes Haus der Wohnungseigentumsanlage als »Einheit« anzusehen und also nicht die beiden Gebäudekomplexe. Hält man dennoch eine Präambel für richtig und hilfreich, sollte diese – ebenso wie eine Vereinbarung – so klar, so einfach und transparent wie möglich formuliert werden.

MUSTER: PRÄAMBEL IN EINER MEHRHAUSANLAGE[17]

(1) Die Wohnungseigentumsanlage [...] besteht aus drei Baukörpern: dem Haus [...] (im Aufteilungsplan: Haus [...] mit den Einheiten 1 bis 10), dem Haus [...] (im Aufteilungsplan: Haus [...] mit den Einheiten 11 bis 18) und dem Haus [...] (im Aufteilungsplan: Haus [...] mit den Einheiten 19 bis 25).

(2) Die Wohnungs- und Teileigentümer sind sich darüber einig, die jeweiligen Häuser soweit wie möglich wirtschaftlich und rechtlich getrennt und unabhängig voneinander und selbstständig zu behandeln. Die Wohnungseigentümer sollen so weit wie möglich so gestellt werden, als ob sie Alleineigentümer einer real vermessenen Grundstücksfläche wären.

(3) Im Zweifel sind die in der Gemeinschaftsordnung getroffenen Bestimmungen so auszulegen, dass sie dem in Absatz 2 bestimmten Willen entsprechen und das Ziel der Eigenständigkeit und Trennung der Häuser durchsetzen.

IV. Einwirkungsbereiche

1. Mögliche Bereiche

Betrachtet man die *möglichen* Bereiche, bei denen es rechtlich vorstellbar ist, durch eine Vereinbarung das Gesetz abzubedingen, zu ändern oder zu ergänzen, kommen für die Gestaltung der Gemeinschaftsordnung einer Mehrhausanlage vor allem folgende Bestimmungen in Betracht:[18]

---

17 Siehe auch *Hügel*, in: Hügel/Elzer, Das neue WEG-Recht, § 3 Rn. 29.
18 Siehe auch *Elzer*, NotBZ 2016, 166, 167.

- §§ 13 ff. WEG: Gebrauch und Nutzungen, vor allem (Gruppen-) Sondernutzungsrechte;
- § 16 WEG: Umlageschlüssel (einerseits Betriebs- und/oder Verwaltungskosten und andererseits Erhaltungs-, Modernisierungs- und Baukosten);
- § 21 Abs. 5 Nr. 4 WEG: Rückstellung;
- § 22 WEG: Bauliche Veränderungen & Co.;
- §§ 23 ff. WEG: Versammlung;
- § 28 WEG: Abrechnung und Wirtschaftsplan.

2. Nicht abdingbare Bereiche

a) WEG-Verfahrensrecht

Kein Einwirkungsbereich ist als öffentliches, durch Vereinbarung nicht abdingbares Recht das WEG-Verfahrensrecht.[19] Es ist – auch wenn dieses als sinnvoll erscheinen könnte – vor allem nicht bestimmbar, dass sich eine Anfechtungsklage nur gegen die Wohnungseigentümer richten soll, die potenziell in der Lage waren, über einen Beschlussgegenstand abzustimmen. Beschließen die Wohnungseigentümer, deren Sondereigentum in einem Haus einer Mehrhausanlage liegt, weil nur sie aufgrund einer Vereinbarung insoweit ein Stimmrecht haben, ist eine Anfechtungsklage daher stets gegen *alle* Wohnungseigentümer zu richten.[20]

b) WEG-Verbandsrecht

Ferner kommt als Einwirkungsbereich das WEG-Verbandsrecht *nicht* in Betracht. Auch in einer Mehrhausanlage gibt es – wie bereits in der Einleitung ausgeführt – immer nur *einen* Verband Wohnungseigentümergemeinschaft (Synonym: Gemeinschaft der Wohnungseigentümer).[21] Der in der notariellen Praxis genutzte Begriff »Untergemeinschaft« oder »Un-

---

19 Etwas abweichend argumentiert *Bärmann/Roth*, WEG, 13. Auflage, 2015, Vorbemerkungen zu §§ 43 ff. Rn. 5.

20 *Hügel/Elzer*, WEG, 1. Auflage 2015, § 46 Rn. 61.

21 *Hügel/Elzer*, WEG, 1. Auflage 2015, § 10 Rn. 55.

tereigentümergemeinschaften« sollte daher nur mit *Vorsicht* gebraucht werden. Der Begriff suggeriert Rechte und/oder Pflichten, die es nicht gibt. Wird er eingesetzt, sollte am besten *definiert* werden, was sich der Gemeinschaftsordnung Unterworfene unter dem Begriff vorstellen soll und was er bedeutet.

Dass der Begriff »Gefahren« birgt, zeigt sich unter anderem darin, dass wohl auch der BGH nicht frei von Beeinflussungen durch ihn ist. Soweit er etwa ausführt, § 10 Abs. 2 Satz 2 WEG ermögliche es, in einer Gemeinschaftsordnung im Verhältnis der Wohnungseigentümer untereinander Untergemeinschaften mit *eigener* Verwaltungszuständigkeit und *selbstständiger* Beschlussfassungskompetenz ihrer Mitglieder zu errichten,[22] ist das sowohl verbands- als auch wohnungseigentumsrechtlich genaugenommen falsch. Denn stets handelt es sich um eine *abgeleitete* Verwaltungszuständigkeit (tatsächlich sind nur einige Wohnungseigentümer vom Stimmrecht ausgeschlossen). Und ferner gibt es keine *selbstständige* Beschlussfassungskompetenz. Möglich ist es allein, auf das grundsätzlich jedem Wohnungseigentümer zukommende Stimmrecht einzuwirken und es teilweise *auszuschließen*. Bei »Verwaltungszuständigkeit« und »Beschlussfassungskompetenz« geht es also jeweils um das gleiche: das Stimmrecht. Da die Grenzen der Beschneidung des Stimmrechts indessen unklar sind (dazu auch IV. 7. b), liegt hierin aber ein wenigstens dorniger Weg.

c) WEG-Verwalter

Auch in einer Mehrhausanlage gibt es immer nur *eine* Person, die das gemeinschaftliche Eigentum verwaltet. Es ist also nicht vereinbar, dass es mehr als einen Verwalter für das gemeinschaftliche Eigentum geben soll.[23] Die Rechte des Verwalters können durch eine Vereinbarung auch nicht auf ein Haus einer Mehrhausanlage *begrenzt* werden (§ 27 Abs. 4 WEG).[24] Möglich sind allerdings Verwalter, die sich um das *Sondereigentum* eines Hauses einer Mehrhausanlage kümmern. Diese Vereinbarung

---

22 BGH NJW-RR 2012, 1291 Rn. 10. Siehe ferner OLG München NJOZ 2014, 1332, 1333.

23 DNotI-Report 2007, 113, 114; *Hügel/Elzer*, WEG, 1. Auflage 2015, § 26 Rn. 5.

24 Im Verwaltervertrag wäre das auch nicht möglich.

müssen aber die jeweiligen Wohnungseigentümer treffen, deren Sondereigentum in dem Haus liegt. Ferner ist es möglich, den gesetzlichen Kreis der Verwalterpflichten zu erweitern und dem jeweiligen Träger des Verwalteramtes z.B. als weitere Pflicht aufzuerlegen, mehrere Versammlungen (= eine für jedes Haus einer Mehrhausanlage) abzuhalten.

3. Gebrauch und Nutzungen, vor allem (Gruppen-) Sondernutzungsrechte

a) Überblick

In einer Mehrhausanlage kann vereinbart werden, dass den Wohnungseigentümern, deren Sondereigentum in einem Gebäude liegt, an den zu diesem Gebäude gehörigen, im gemeinschaftlichen Eigentum stehenden Räumen, wesentlichen Gebäudebestandteilen und Anlagen sowie – gegebenenfalls – an den dieses Gebäude umgebenden Flächen, soweit diese nicht ohnehin einem Sondernutzungsrecht unterliegen, ein Sondernutzungsrecht als »*Gruppensondernutzungsrecht*«[25] (auch Gemeinschaftssondernutzungsrecht genannt)[26] einzuräumen.[27]

b) Inhalt

Bietet sich die konkrete Wohnungseigentumsanlage für *Gruppensondernutzungsrechte an*, ist zu regeln, *was* Inhalt dieser Sondernutzungsrechte ist, was für die Verkehrssicherungspflichten gilt, was für die Instandsetzung und Instandhaltung gilt, und ob die Berechtigten am Sondernutzungsrecht befugt sind, die ihrem Recht unterliegenden wesentlichen Gebäudebestanteile und Flächen im Wesentlichen unter Beachtung von § 27 Abs. 4 WEG allein zu verwalten (= darin läge rechtlich gesehen ein Stimmrechtsausschluss der anderen Wohnungseigentümer). Einer Anordnung, dass auch das Dach, die Fassade und Wände und Decken eines Hauses einem *Gruppensondernutzungsrecht unterliegen, bedarf es nicht*

---

25 *Häublein*, NZM 2003, 785, 787.

26 Siehe etwa *Tersteegen*, ZNotP 2008, 21, 22 und *Lutz*, NotBZ 2014, 209 ff.

27 *Hügel/Elzer*, WEG, 1. Auflage 2015, § 13 Rn. 54.

unbedingt. Insoweit ist notwendig, aber auch ausreichend, einen entsprechenden Umlageschlüssel anzuordnen. Es ist allerdings wohl leichter, das Gruppensondernutzungsrecht stets umfassend zu gestalten.

MUSTER: GEMEINSCHAFTSORDNUNG – GRUPPENSONDERNUTZUNGSRECHT
§ […] - Gruppensondernutzungsrecht -

(1) Den Wohnungs- und Teileigentümern, deren Sondereigentum in den Häusern […], […] und […] liegt, steht jeweils der Gebrauch und die Nutzung des entsprechenden Hauses als Sondernutzungsrecht in Bruchteilsgemeinschaft zu.

(2) Die Sondernutzungsberechtigen haben in Bezug auf das ihrem Sonder-nutzungsrecht unterliegende gemeinschaftliche Eigentum folgende Pflichten und Rechte […].

(3) Die Sondernutzungsberechtigen haben allein die Kosten der Instandhaltung und Instandsetzung des ihrem Sondernutzungsrecht unterliegenden gemeinschaftlichen Eigentums zu tragen.

(4) Den Sondernutzungsberechtigen obliegt für den von ihrem Sondernutzungsrecht umfassten Bereich die Verkehrssicherungspflicht. Die Sondernutzungs-berechtigen stellen den Verband Wohnungseigentümergemeinschaft und die anderen Wohnungseigentümer von eventuellen Ansprüchen Dritter aus der Verletzung von Verkehrspflichten im Innenverhältnis frei.

(5) In Bezug auf das dem Sondernutzungsrecht unterliegende gemeinschaftliche Eigentum haben allein die Sondernutzungsberechtigen ein Stimmrecht.

(6) Die anderen Wohnungs- und Teileigentümer sind berechtigt, das dem Sondernutzungsrecht unterliegende gemeinschaftliche Eigentum zu gebrauchen, wie es ein Mieter darf.

4. Umlageschlüssel

a) Überblick

Die *Kosten* und *Lasten* einer Wohnungseigentumsanlage sind – soweit nichts anderes vereinbart oder beschlossen wird – nach § 16 Abs. 2 WEG in Höhe der Miteigentumsanlage auf *sämtliche* Wohnungseigentümer nach der Größe der in ihrem Eigentum stehenden Miteigentumsanteile zu verteilen. Auch die Kosten, die nur auf *eines* von mehreren Häusern entfallen und nach einer entsprechenden Erfassung, Messung oder Zählung auf deren Wohnungseigentümer verteilt werden könnten, sind daher grundsätzlich von allen Wohnungseigentümern zu tragen.[28] Aus Gründen der »*Kostengerechtigkeit*« kann es sich anbieten, von diesen wohnungseigentumsrechtlichen Grundsätzen abzuweichen und als besonderem Umlageschlüssel *bestimmte* Betriebs-, Verwaltungs-, Erhaltungs- und Modernisierungskosten, die auf *ein* Haus einer Mehrhausanlage entfallen, durch Vereinbarung den Wohnungseigentümern aufzuerlegen, deren Sondereigentum in einem Haus der Mehrhausanlage liegt. Eine solche Vereinbarung kann nicht nach § 16 Abs. 3 WEG »wegbeschlossen« werden. Denn die Bestimmung des § 16 Abs. 3 WEG begründet keine Befugnis, einen Wohnungseigentümer, der nach einer bestehenden Vereinbarung von der Tragung bestimmter Kosten oder der Kostentragungspflicht insgesamt befreit ist (= das die Wohnungseigentümer, deren Sondereigentum in einem anderen Haus der Mehrhausanlage liegt), durch Beschluss erstmals an den Kosten zu beteiligen;[29] Entsprechendes dürfte für § 16 Abs. 4 WEG gelten.

b) Benennung der Kosten

Um die betroffenen Kosten zu kennzeichnen, die allein von einem Kreis von Wohnungseigentümern zu tragen sind, bietet sich zum einen die *Aufzählung* dieser Kosten an. Dieses Vorgehen hat naturgemäß den Nachteil, dass gegebenenfalls Kostenpositionen übersehen werden. Die notarielle Praxis neigt daher ganz überwiegend zu einer als vorteilhafter angesehenen Lösung. Diese soll in einer *abstrakten* Umschreibung der entsprechenden Kosten liegen. Die übliche Formulierung beschreibt die betroffenen Kosten etwa als die »*absonderbaren* und getrennt erfassbaren« oder als die »ausscheidbaren« Kosten. Der große Nachteil dieser Lösung liegt darin, dass der Umlageschlüssel »*absonderbar* und getrennt erfassbar« bzw. »ausscheidbar« der *Auslegung* zugänglich und bedürftig ist.[30] Nicht unter den Umlageschlüssel fallen also solche Kosten, die die Wohnungseigentümer »gemeinsam« treffen, im Innenverhältnis aber erst nachträg-

---

28 BayObLG FGPrax 2005, 14, 16.

29 BGH ZWE 2012, 363.

30 BGH NJW-RR 2012, 1291 Rn. 11; BayObLG ZMR 1993, 231.

lich nach einem festzulegenden Umlageschlüssel verteilt werden müssten, um dadurch eine Trennung und Zuordnung zu ermöglichen.[31]

Die insoweit notwendige Auslegung führt zum Teil zu *Kapriolen*, lässt selbst »kampferprobte« Richter verzweifeln und verführt dazu, den Parteien in Urteilen Ratschläge zu geben, wie das »notarielle Unglück« zu beheben wäre.[32] Sind etwa die Positionen »Gartengestaltung« und »Müllentsorgung« ausscheidbar? Und was gilt für den Winterdienst, Versicherungsbeiträge, die Vergütung des Verwalters, Hausmeisterkosten usw.? Ferner ist unklar, wie die Kosten, die bestimmte Wohnungseigentümer treffen sollen, unter *diesen* zu verteilen sind. Soll insoweit nicht § 16 Abs. 2 WEG gelten, müssten also zwei Umlageschlüssel angeordnet werden: Einer, der die Kosten auf einen Kreis von Wohnungseigentümern umlegt und einer, der im Kreis gelten soll.

Besser ist daher wenigstens ein »Mittelweg«. Dieser könnte darin liegen, die ins Auge gefassten Kosten als »insbesondere« aufzuzählen. Im Übrigen ist es bei *allen* Kosten die man zählen, wiegen, messen und zuordnen kann, ohnehin besser, die *Messeinrichtung* vorzusehen und die Kosten dem *individuellen* Verbraucher und nicht einer »Untergemeinschaft« zuzuordnen.

MUSTER: GEMEINSCHAFTSORDNUNG – UMLAGESCHLÜSSEL

§ […] - Umlageschlüssel-

(1) Die Betriebs- und Verwaltungskosten, die auf ein Haus einer Mehrhausanlage entfallen, insbesondere die Betriebskosten für
- die Kosten der Wasserversorgung, hierzu gehören […],
- die Kosten des Betriebs der zentralen Heizungsanlage einschließlich der Abgasanlage, hierzu gehören […],
- die Kosten des Betriebs der zentralen Warmwasserversorgungsanlage, hierzu gehören […], hierzu gehören […],
- die Kosten verbundener Heizungs- und Warmwasserversorgungsan-lagen, hierzu gehören […],
- die Kosten des Betriebs des Personen- oder Lastenaufzugs, hierzu gehören […],
- die Kosten der Gebäudereinigung und Ungezieferbekämpfung, hierzu gehören […],

31 BGH NJW-RR 2012, 1291 Rn. 11; BayObLG ZMR 1993, 231.

32 Siehe plakativ etwa LG München I NZM 2015, 140, 143.

- die Kosten der Gartenpflege, hierzu gehören [...],
- die Kosten der Beleuchtung, hierzu gehören [...],
- die Kosten der Schornsteinreinigung, hierzu gehören [...],
- die Kosten für den Hauswart, hierzu gehören [...],
- sonstige Betriebskosten, soweit [...]
- sowie insbesondere die Verwaltungskosten für [...]

sind auf die Wohnungseigentümer umzulegen, deren Sondereigentum in diesem Haus liegt. Unter diesen Wohnungseigentümer gelten für folgende Betriebs- und Verwaltungskosten folgende Umlageschlüssel:

[...]

(2) Erhaltungs- und Modernisierungskosten für im gemeinschaftlichen Eigentum stehende wesentliche Gebäudeteile, Räume, Anlagen und Flächen eines der Häuser sind nur auf die Wohnungseigentümer umzulegen, deren Sondereigentum in diesem Haus liegt. Es gilt insoweit folgender Umlageschlüssel [...].

(3) Hat nach einer Vereinbarung ein Wohnungseigentümer Erhaltungs- und Modernisierungskosten allein zu tragen, z.B. für die im gemeinschaftlichen Eigentum stehenden wesentlichen Gebäudeteile im Bereich seines Sondereigentums, ist Absatz 2 nicht anzuwenden.

5. Instandhaltungsrückstellung

a) Überblick

Wird in einer Wohnungseigentumsanlage von den Wohnungseigentümern eine Instandhaltungsrückstellung angesammelt, handelt es sich bei der Instandhaltungsrückstellung um einen Teil des im Eigentum des Verbandes Wohnungseigentümergemeinschaft stehenden Verwaltungsvermögens (§ 10 Abs. 7 WEG).[33] Durch Vereinbarung kann hieran *nichts* geändert werden. Es ist also nicht möglich zu vereinbaren, dass für jedes Haus einer Wohnungseigentumsanlage eine »eigenständige« Instandhaltungsrückstellung angesammelt wird. Würde dies angeordnet werden, würde dies an

---

33 BGH NJW-RR 2015, 847 Rn. 22; *Hügel/Elzer,* WEG,1. Auflage 2015, § 21 Rn. 118.

der vermögensrechtlichen Zuordnung nichts ändern: es gäbe auch dann nur *eine* Instandhaltungsrückstellung, die im Eigentum des Verbandes Wohnungseigentümergemeinschaft stehen würde. Es ist daher *nicht* angeraten, Instandhaltungsrückstellung für jede »Einheit« anzuordnen.[34]

b) Buchhaltungskonten

Aus Gründen der Transparenz kann hingegen vereinbart werden, dass der Verwalter in Bezug auf die Instandhaltungsrückstellung für jedes Haus einer Wohnungseigentumsanlage *Buchhaltungskonten* zu führen hat.[35] Ferner kann vereinbart werden, dass auf diesen Buchhaltungskonten jeweils die Beitragsleistung der Wohnungseigentümer zu verbuchen ist, deren Sondereigentum in einem Haus der Mehrhausanlage liegt. Schließlich kann vereinbart werden, dass der Verwalter die jeweiligen Buchhaltungskonten in der Gesamtabrechnung darstellen muss. Auch dieser Anordnungen bedarf es nach hier vertretener Ansicht allerdings jeweils *nicht.* Denn die Anordnungen sind verwirrend, da sie den Wohnungseigentümer *mehrere* Instandhaltungsrückstellungen vorspiegeln, die im Eigentum bestimmter Gruppen von Wohnungseigentümern stehen. Die Anordnungen »retten« die Wohnungseigentümer auch nicht vor dem Zugriff Dritter auf dieses »Sondervermögen« (im Wege der Zwangsvollstreckung gegen den Verband Wohnungseigentümergemeinschaft) und ändern an der Außenhaftung sämtlicher Wohnungseigentümer für einen vom Verband Wohnungseigentümergemeinschaft geschlossenen Vertrag (§ 10 Abs. 8 Satz 1 WEG) *nichts.* Notwendig, aber auch ausreichend sind hingegen vor allem entsprechende *Umlageschlüssel.* Ist vereinbart, auf welche Wohnungseigentümer die Kosten für eine Erhaltungs- oder Modernisierungsmaßnahme umzulegen sind (dazu unter 4.), ist eine ausreichende Kostengerechtigkeit hergestellt.

---

34 A.A. etwa *Müller*, in: Beck'sches Formularbuch WEG, 2. Aufl. 2011, D. VI.

35 BGH NZM 2015, 544 Rn. 22; *Hügel/Elzer*, WEG,1. Auflage 2015, § 21 Rn. 119.

c) Weisung an den Verwalter

Es ist möglich, eine Weisung an den Verwalter zu vereinbaren, dass er einen Werkvertrag in Bezug ein Haus einer Mehrhausanlage nur dann schließen soll, wenn die Wohnungseigentümer, deren Sondereigentum in diesem Haus liegt, ihre Beiträge zur Instandhaltungsrückstellung geleistet haben. Bedarf es für die Erhaltungs- oder Modernisierungsmaßnahme gegebenenfalls einer Sonderumlage, die nach einem Umlageschlüssel nur bestimmte Wohnungseigentümer aufbringen müssen, kann man ferner auch prospektiv vereinbaren (das lässt sich auch beschließen), dass der Verwalter einen Werkvertrag nur dann schließen soll, wenn die entsprechenden Wohnungseigentümer die Mittel der Sonderumlage aufgebracht haben.[36]

MUSTER: GEMEINSCHAFTSORDNUNG – WEISUNG AN DEN VERWALTER
§ […] - Kosten für eine Erhaltungs- und Modernisierungsmaßnahme -

(1) Der Verwalter ist angewiesen, einen Vertrag für eine Erhaltungs- und/oder Modernisierungsmaßnahme in Bezug auf ein Haus nur zu schließen, wenn die Wohnungseigentümer, deren Sondereigentum in diesem Haus liegt, vollständig die nach § 28 Abs. 1 Satz 2 Nr. 3 WEG (in der Fassung vom …) vorgesehene Beitragsleistung erbracht haben.

(2) Absatz 1 gilt entsprechend, wenn für eine Erhaltungs- und/oder Modernisierungsmaßnahme in Bezug auf ein Haus eine Sonderumlage beschlossen ist.

6. Bauliche Veränderungen und Modernisierungen

Ist in einem Haus einer Mehrhausanlage über eine Modernisierungsmaßnahme im Sinne des § 22 Abs. 2 WEG zu beschließen, kann durch eine Vereinbarung gegebenenfalls bestimmt werden, dass über die Maßnahmen nur die Bewohner eines Mehrhauses zu bestimmen haben (dazu 7. b). Es kann sich anbieten, eine zulässige Stimmrechtsvereinbarung mit einem entsprechenden Umlageschlüssel zu flankieren (dazu unter 4. b) Entspre-

36 Siehe auch *Hügel*, in: Hügel/Elzer, Das neue WEG-Recht, § 3 Rn. 28.

chendes gilt für bauliche Veränderungen. Bei baulichen Veränderungen hält für die Kosten allerdings bereits § 16 Abs. 6 WEG eine angemessene Regelung bereit.

7. Regelungen zur Versammlung

a) Überblick

In einer Wohnungseigentumsanlage – auch einer Mehrhausanlage – ist grundsätzlich nur *eine* Versammlung abzuhalten. Fragen, die nur *einzelne Wohnungseigentümer* innerhalb einer Mehrhausanlage betreffen, sind daher von *sämtlichen Wohnungseigentümern* zu diskutieren und zu bestimmen.

b) Stimmrecht

Um eine Abstimmung sämtlicher Wohnungseigentümer zu umgehen, kann *vereinbart* werden, dass nur bestimmte Wohnungseigentümer über eine bestimmte Materie *stimmberechtigt* sind.[37] Inhalt dieser Vereinbarung ist, dass nur einige Wohnungseigentümer einen Gegenstand regeln, für dessen Regelung eigentlich *sämtliche* Wohnungseigentümer berufen wären, die aber nur im Interesse einiger Wohnungseigentümer steht. Eine *Vereinbarungsgrenze* ergibt sich daraus, dass eine eingeschränkte Entscheidungsmacht nur so weit gehen kann, wie die übrigen Wohnungseigentümer nicht von dieser Angelegenheit essenziell »betroffen« werden. Ansonsten enthielte eine solche Regelung einen (teilweisen) Ausschluss des Stimmrechts in eigenen Angelegenheiten der Wohnungseigentümer, der nach übereinstimmender Ansicht als Eingriff in den Kernbereich des Wohnungseigentums und damit als unwirksam angesehen wird.[38]

---

37 BGH NJW-RR 2012, 1291 Rn. 10.
38 BayObLG ZMR 2004, 598.

MUSTER: GEMEINSCHAFTSORDNUNG – BESCHRÄNKTES STIMMRECHT ÜBER BESTIMMTE GEGENSTÄNDE

§ […] - Beschränktes Stimmrecht -

(1) Betrifft eine geplante Maßnahme nur den Gebrauch, die Nutzung, die Verwaltung, die Instandhaltung oder Instandsetzung, Maßnahmen nach § 22 Abs. 2 WEG oder bauliche Veränderungen nach § 22 Abs. 1 WEG eines der Häuser oder die Kosten für einen dieser Gegenstände, sind nur die Wohnungs- und Teileigentümer stimmberechtigt, deren Sondereigentum in diesem Haus liegt.[39] Das äußere Erscheinungsbild der gesamten Wohnungseigentumsanlage darf durch eine bauliche Veränderung nicht ohne Zustimmung sämtlicher Wohnungs- und Teileigentümer beeinträchtigt werden.[40]

(2) Die Stimmberechtigten sind nur berechtigt, die Kosten für die in Absatz 1 Satz 1 genannten Maßnahmen unter sich zu verteilen. Das nach §§ 22 Abs. 2, 16 Abs. 4 WEG zu berechnende Quorum richtet sich an den Stimmberechtigten aus. Verträge für solche Maßnahmen sind vom Verband Wohnungseigentümergemeinschaft zu schließen.

(3) Die anderen Wohnungs- und Teileigentümer erteilen ihre Zustimmung zu von den Sondernutzungsberechtigen beschlossenen baulichen Veränderungen. Etwas anderes gilt für Maßnahmen nach § 22 Abs. 2 WEG.

c) Teilversammlungen (Gruppenversammlung)

Die Wohnungseigentümer einer Mehrhausanlage können die Abhaltung von Teilversammlungen vereinbaren. Dieses Vorgehen bietet sich freilich *nicht* an. Teilversammlungen erschweren vor allem die Verwaltung ungemein und führen zu unnötigen Kosten. Ferner ist häufig unklar, wer an den Teilversammlungen teilnehmen darf. Soll es dennoch Teilversammlungen

---

39 Die Regelung, in Zweifelsfällen solle der Verwalter bestimmen was gilt, empfiehlt sich nicht. A.A. *Hügel*, in: Hügel/Elzer, Das neue WEG-Recht, § 3 Rn. 30 am Ende.

40 Dieser Punkt ist eher schwammig: wann eine Beeinträchtigung vorliegt, ist unklar – soll aber für das Stimmrecht entscheidend sein. Wer soll das verwalten?

geben, empfiehlt es sich, das »Amt Verwalter« ebenso wie für die gesamte Gemeinschaft für die Einberufung und Durchführung einer Teilversammlung mit Aufgaben für eine Teilversammlung zu betrauen. Zur Sicherheit sollte diese Vereinbarung durch eine Wiederholung im Verwaltervertrag *flankiert* werden.

MUSTER: GEMEINSCHAFTSORDNUNG – REGELUNGEN ZU EINER TEILVERSAMMLUNG

§ […] - Teilversammlung -

(1) Die gemeinsamen Sondernutzungsberechtigten können auf Antrag eines Viertels von ihnen eine Versammlung der Sondernutzungsberechtigten zu den Gegenständen abhalten, für die die Sondernutzungsberechtigten allein stimmberechtigt sind (Teilversammlung). Die Teilversammlung ist vom Verwalter mit vierwöchiger Frist einzuberufen. Einzuladen sind nur die stimmberechtigten Wohnungs- und Teileigentümer; die anderen Wohnungs- und Teileigentümer besitzen ein Teilnahmerecht. Das Stimmrecht in der Teilversammlung richtet sich nach Miteigentumsanteilen. Die Teilversammlung ist beschlussfähig, wenn mehr als die Hälfte der Stimmberechtigten erschienen sind.

(2) Ist eine Versammlung nicht im Sinne von Absatz 1 beschlussfähig, ist eine neue Versammlung mit dem gleichen Gegenstand einzuberufen. Diese Versammlung ist ohne Rücksicht auf die Anzahl der Wohnungs- und Teileigentümer beschlussfähig; hierauf ist bei der Einberufung hinzuweisen. § 25 Abs. 5 WEG gilt entsprechend.

8. Abrechnung und Wirtschaftsplan[41]

a) Grundsatz

In einer Mehrhausanlage muss der Verwalter – soweit nichts anderes vereinbart und § 28 WEG ausnahmsweise abbedungen ist – stets einen *einzigen* Wirtschaftsplan und eine *einzige* Abrechnung erstellen.[42]

---

41 Siehe dazu auch *Armbrüster*, Wirtschaftsplan und Jahresabrechnung in der Mehrhausanlage, ZWE 2011, 110 ff.

b) Hausbezogene Pläne und Abrechnungen

Die Wohnungseigentümer könnten allerdings vereinbaren, dass neben dem Wirtschaftsplan und der Abrechnung nach § 28 WEG für die einzelnen Gebäude jeweils *getrennte* »Wirtschaftspläne« und »Abrechnungen« aufgestellt werden sollen.[43] Dabei ist zu beachten, dass es sich *nicht* um Pläne und Abrechnungen im Sinne von § 28 WEG handelt. Pläne für einzelne Häuser machen einen Gesamtwirtschaftsplan also – auch in einer »Addition« – *nicht* entbehrlich. Die Anordnung ist hausbezogener Wirtschaftspläne und/oder Abrechnungen ist daher *nicht* sinnvoll. Es stellt sich dann schon die Frage, *wer* über diese Rechenwerke *abstimmen* und *wo* das geschehen soll. Ferner fragt sich, ob solche Beschlüsse anfechtbar sind und welche Auswirkungen das Ganze hätte. Ein Münchener Fall zeigt, dass diese Fragen für die Praxis kaum lösbar sind.[44] Die Wohnungseigentümer haben von hausbezogenen Pläne und Abrechnungen auch *keine* Vorteile. Das Ziel solcher Pläne ist Transparenz. Diese ist aber schon erreichbar, wenn vereinbart ist, dass der Verwalter den Wirtschaftsplan und die Gesamtabrechnung nach einzelnen Häusern *untergliedert*.[45] Diese Untergliederung bewirkt die Information der Wohnungseigentümer über »ihr« Haus.

MUSTER: GEMEINSCHAFTSORDNUNG – ERSTELLUNG DES WIRTSCHAFTSPLANS UND DER ABRECHNUNG
§ [...] - Wirtschaftsplan und Abrechnung -
Der Verwalter hat bei Erstellung des Wirtschaftsplans und der Abrechnung neben einer Gesamtdarstellung die einzelnen Häuser nach Kosten, Lasten und Einnahmen getrennt darzustellen.

---

42 KG ZMR 2008, 67; *Scheel*, in: Hügel/Scheel, 3. Auflage 2011, Teil 11 Rn. 51.
43 BGH NJW 2012, 2578 Rn. 10.
44 LG München I NZM 2015, 140.
45 Siehe auch KG ZMR 2008, 67; *Scheel*, in: Hügel/Scheel, 3. Auflage 2011, Teil 11 Rn. 51.

9. Reihenhausanlangen

a) Überblick

Handelt es sich bei einer Mehrhausanlage um *Reihenhäuser*, ist es in der Regel sachgerecht, für jeden Wohnungseigentümer ein *Sondernutzungsrecht* am gemeinschaftlichen Eigentum »seines« Reihenhauses und an den das Reihenhaus umgebenden Flächen zu vereinbaren.[46] Teil der jeweiligen Sondernutzungsrechte sollte das Recht der Nutzung, aber auch die Verpflichtung sein, das dem Sondernutzungsrecht unterliegende gemeinschaftliche Eigentum auf eigene Kosten instand zu halten und instand zu setzen und die Verkehrspflichten einzuhalten. Für die andere Wohnungs- oder Teileigentümer nicht beeinträchtigenden baulichen Veränderungen nach § 22 Abs. 1 WEG oder Modernisierungen nach § 22 Abs. 2 WEG sollten diese vorab ihre Zustimmung erteilen; insoweit sollten § 22 Abs. 1 und Abs. 2 WEG – zulässigerweise – abbedungen werden. Wird ein »Reihenhaus« zerstört, sollte dafür nur der Eigentümer der im Haus liegenden Sondereigentumseinheit einstehen müssen. Eine Instandhaltungsrück-stellung sollte abbedungen werden. Versicherungen im Sinne von § 21 Abs. 5 Nr. 3 WEG sollte jeder Wohnungseigentümer im eigenen Namen abschließen. Für eine Versammlung gibt kein Bedürfnis, wenn die jeweiligen Wohnungseigentümer *sämtliche* Verträge mit Dritten schließen und wenn *sämtliche* Kosten und Lasten abgrenzbar sind sowie jeweils individuell getragen werden.

b) Verband Wohnungseigentümergemeinschaft

Ein Problem besteht darin, dass nach § 10 Abs. 6 Satz 3 WEG bestimmte Gegenstände dem auch in einer Reihenhausanlage bestehenden, aber »nutzlosem« Verband Wohnungseigentümergemeinschaft zugeordnet sind. Soll daher den jeweiligen Wohnungseigentümern auch das Recht zustehen, z.B. wegen Schäden des gemeinschaftlichen Eigentums gegen Dritte vorzugehen, müsste man § 10 Abs. 6 Satz WEG jedenfalls insoweit als *abdingbar*

---

46 Siehe dazu auch die Formulare mit verschiedenem Schwerpunkt bei *Fabis*, Vertragskommentar Wohnungseigentum, 3. Auflage 2015, Rn. 223 ff.; *Kreuzer*, Die Gemeinschaftsordnung nach dem WEG, Rn. 272 ff.; *Müller*, in: Beck'sches Formularbuch Wohnungseigentumsrecht, D. IV und *Hertel*, in: Würzburger Notarhandbuch, 4. Auflage 2015, Teil 2 Kap. 3 Rn. 2.

ansehen, als neben dem Verband Wohnungseigentümergemeinschaft auch ein insoweit ermächtigter Wohnungseigentümer handeln kann. Bejaht man diese Frage, müsste in der Gemeinschaftsordnung das Recht jedes Wohnungseigentümers vorgesehen werden, in bestimmten Fragen den Verband Wohnungseigentümergemeinschaft zu vertreten. Da dieser indessen die anderen Wohnungseigentümer vertritt, gibt es hier klare Grenzen. Dass und soweit es in der Praxis gelingt, Reihenhausan-lagen dennoch als gleichsam realgeteilt zu behandeln, liegt daran, dass dort das WEG im Ergebnis häufig nicht angewandt wird und z.B. § 27 Abs. 3 Satz 2, Abs. 4 WEG »übersehen« wird. Dies mag pragmatisch sein. Dem Gesetz entspricht es nicht.

c) Checkliste

CHECKLISTE: Gegenstände, die für eine Reihenhausanlage abbedungen oder geregelt werden könnten

- Präambel
- Abwehr von Beeinträchtigungen des gemeinschaftlichen Eigentums durch Wohnungseigentümer
- Schadenersatz für Schäden am gemeinschaftlichen Eigentum
- Gebrauchsrechte (Sondernutzungsrechte)
- Nutzungen
- Kosten und Lasten
- Instandhaltungen und Instandsetzungen
- Instandhaltungsrückstellung
- Versicherungen
- Verwalter
- bauliche Veränderungen
- Wiederaufbau der einzelnen Baukörper
- Versammlung[47]
- Wirtschaftsplan und Abrechnung

47 Von einer Versammlung abzusehen, ist meines Erachtens nicht möglich. Es gibt stets Kosten, die nicht getrennt erfasst werden können und von den Wohnungseigentümern anhand eines Wirtschaftsplans und seiner Abrechnung bezahlt werden müssen. Es ist daher z.B. sachgerecht, ein Einberufungsrecht der Wohnungseigentümer anzuordnen, siehe dazu etwa *Müller*, in: Beck'sches Formularbuch WEG, 2. Aufl. 2011, D. IV.

V. Sonstiges

1. Stecken gebliebener Bau

Wird eine Wohnungseigentumsanlage wegen Zahlungsunfähigkeit des teilenden Eigentümers als Bauträger *nicht vollständig* fertig gestellt, kann die mangelfreie Fertigstellung des gemeinschaftlichen Eigentums als Maßnahme der ordnungsmäßigen Verwaltung beschlossen werden[48] – sofern nichts anderes vereinbart ist. Die Kosten der mangelfreien Fertigstellung des gemeinschaftlichen Eigentums sind – soweit bereits eine Wohnungseigentümergemeinschaft, wenigstens eine werdende, entstanden ist – Kosten der Instandhaltung und Instandsetzung im Sinne von § 16 Abs. 2 WEG und von *allen* Wohnungseigentümern zu tragen.[49] Bei einer *Mehrhausanlage* kann diese Rechtslage nicht der Billigkeit entsprechen, da die Bewohner der anderen Baukörper gegebenenfalls kein Interesse an der Errichtung des oder der letzten Baukörper haben. Für die Herstellung nicht errichteter Baukörper kann deshalb vereinbart werden, dass sich an den Kosten für die Errichtung eines weiteren Baukörpers nur die Eigentümer zu beteiligen haben, die ihr Sondereigentum in diesem Baukörper haben.

MUSTER: GEMEINSCHAFTSORDNUNG – STECKEN GEBLIEBENER BAU

§ […] - Stecken gebliebener Bau

(1) Die Mittel für die erstmalige Herstellung geplanter, aber nicht, nicht vollständig oder noch nicht errichteter Baukörper haben allein die Wohnungs- und Teileigentümer aufzubringen, die in diesem Baukörper ihr Sondereigentum haben sollen.

(2) Sind nach Absatz 1 Mittel aufzubringen, haben die Wohnungs- und Teileigentümer, die in diesem Baukörper ihr Sondereigentum haben sollen, diese Mittel im Verhältnis ihrer Miteigentumsanteile beizutragen.

(3) Unerheblich ist, dass einer der Wohnungs- und Teileigentümer mehr an den Bauträger bezahlt hat als andere. Eine Überzahlung ist im Verhältnis zum Bauträger auszugleichen. Eine Anrechnung auf die anteiligen noch aufzuwendenden Fertigstellungskosten erfolgt nicht.

---

48 BayObLG ZWE 2000, 214, 215.

49 BayObLG ZWE 2000, 214, 215.

2. Nutzungen des gemeinschaftlichen Eigentums

Es kann vereinbart werden, dass bestimmte Nutzungen des gemeinschaftlichen Eigentums, ausschließlich den Wohnungseigentümern zustehen sollen, deren Sondereigentum in einem Haus einer Mehrhausanlage liegt. Dies kann z.B. für Miete und Pacht gelten.

3. Beschluss-Sammlung

Fassen die Wohnungseigentümer einer Mehrhausanlage in einer Teilversammlung aufgrund einer Vereinbarung Beschlüsse mit Wirkung und Bindung für die anderen Wohnungseigentümer (§ 10 Abs. 4 S. 1 WEG), sind diese Beschlüsse in *keine separate* Beschluss-Sammlung, sondern in die nach § 24 Abs. 8 Satz 1 WEG vom Verwalter zu führende Sammlung aufzunehmen. Etwas anderes gilt für solche Beschlüsse, die die Wohnungseigentümer des Mehrhauses nach der Bestimmung des § 745 BGB treffen. Solche Beschlüsse sind nach dem Gesetz nicht zu beurkunden. Ist wegen § 746 BGB eine Beurkundung auch dieser Beschlüsse gewollt, kann die Beurkundung vereinbart werden.

MUSTER: GEMEINSCHAFTSORDNUNG – VEREINBARUNG ZUR SAMMLUNG VON BESCHLÜSSEN
§ […] - Sammlung von Beschlüssen -
Der Verwalter hat die Beschlüsse der Bewohner des Mehrhauses […], sofern diese nicht in die von ihm nach § 24 Abs. 8 S. 1 WEG aufzunehmende Sammlung aufzunehmen sind, mit Angabe von Ort und Datum in eine von ihm zu führende Beschluss-Sammlung aufzunehmen. Die Bestimmungen der Gemeinschafts-ordnung sowie § 24 Abs. 7 und Abs. 8 WEG gelten entsprechend.

4. Wirtschaftseinheit

Für Wohnungseigentümer, die ihr Sondereigentum vermieten, kann es sich als sinnvoll erweisen, für die Erstellung der von ihnen geschuldeten *Betriebskostenabrechnung* und als Grundlage der abzuschließenden Mietverträge zu vereinbaren, dass jeweils ein Haus einer Mehrhausanlage eine so genannte Wirtschaftseinheit bildet.

MUSTER: GEMEINSCHAFTSORDNUNG – BESTIMMUNG EINER WIRTSCHAFTSEINHEIT

§ […] - Wirtschaftseinheit -

Die Häuser […], […] und […] sowie die Tiefgarage bilden je eine Wirtschaftseinheit.

5. Wiederaufbau

Ist ein in Wohnungseigentum aufgeteiltes Gebäude zu mehr als der Hälfte seines Wertes zerstört und ist der Schaden nicht durch eine Versicherung oder in anderer Weise gedeckt, kann gem. § 24 Abs. 4 WEG der Wiederaufbau nicht nach § 21 Abs. 3 WEG beschlossen oder nach § 21 Abs. 4 WEG verlangt werden. Bei einer Mehrhausanlage gilt grundsätzlich nichts anderes. Wird eines von mehreren Häusern zerstört, soll dieses Haus nach einigen Stimmen *allein* der Maßstab für den Zerstörungsgrad sein.[50] Ob diese Meinung zutrifft, ist *zweifelhaft*.[51] Dennoch sollte ein Wiederaufbau – wie bei einem stecken gebliebenen Bau – jedenfalls auf Kosten der Bewohner eines anderen Mehrhauses ausgeschlossen werden. Es sollte vielmehr vereinbart werden, dass sich an den Kosten des Wiederaufbaus des zerstörten Baukörpers nur die Eigentümer zu beteiligen haben, die ihr Sondereigentum in diesem Baukörper haben.

MUSTER: GEMEINSCHAFTSORDNUNG – BESTIMMUNG ZUM WIEDERAUFBAU

§ […] - Wiederaufbau -

(1) Wird ein Haus ganz oder teilweise zerstört, so sind nur die Wohnungs- und Teileigentümer der untereinander verpflichtet, deren Sondereigentum in dem Haus lag, den vor Eintritt des Schadens bestehenden Zustand wiederherzustellen. Decken die Versicherungssumme und sonstigen Forderungen den vollen Wiederherstellungsaufwand nicht, so sind nur die in Satz 1 genannten Wohnungs- und Teileigentümer verpflichtet, den nicht gedeckten

---

50 *Merle*, WE 1997, 81; offen gelassen von OLG Schleswig NJW-RR 1998, 15 und KG NJWE-MietR 1997, 205, 206.

51 *Hügel/Elzer*, WEG, 1. Auflage 2015, § 22 Rn. 132.

Teil der Kosten in Höhe eines ihrem Miteigentumsanteil entsprechenden Bruchteils zu tragen.

(2) Steht dem Wiederaufbau oder der Wiederherstellung ein unüberwindliches Hindernis entgegen, scheiden die Wohnungs- und Teileigentümer nach Abs. 1 Satz 1 aus der Wohnungseigentümergemeinschaft aus. § 17 WEG ist entsprechend anzuwenden. Die Miteigentumsanteile der Wohnungs- und Teileigentümer werden auf die verbleibenden Wohnungs- und Teileigentümer entsprechend ihrer jeweiligen Miteigentumsanteile verteilt.

6. Abnahme des gemeinschaftlichen Eigentums

Bei einer Mehrhausanlage besteht das gemeinschaftliche Eigentum *unter anderem* aus sämtlichen (gegebenenfalls_noch geplanten) Gebäuden. Das bedeutet, dass eine endgültige Abnahme des gemeinschaftlichen Eigentums – jedenfalls bei einer »großen Aufteilung«[52] – grundsätzlich erst möglich ist, wenn *sämtliche* Gebäude abnahmefähig sind.[53] Das Problem besteht dann darin, dass bei einer Mehrhausanlage in der Regel das Wohnungseigentum *etappenweise errichtet* wird – die Abnahme wäre also erst mit Errichtung des letzten Gebäudes vorstellbar. Zum Teil wird empfohlen, größere Objekte aus diesem Grunde von vornherein in mehrere Wohnungseigentümergemeinschaften zu unterteilen.[54] Um diesen späten, für den Bauträger meist nicht hinnehmbaren Zeitpunkt vorzuziehen (vor allem, um eine teilweise Angleichung der Mängelverjährungsfristen herbeizuführen), bietet sich jedenfalls im Erwerbervertrag eine Vereinbarung zur *Teilabnahme* dergestalt an, dass das gemeinschaftliche Eigentum für jedes einzelne Gebäude abgenommen werden soll und dass eine bereits erfolgte Abnahme des gemeinschaftlichen Eigentums Wirkungen gegen den Erwerber entfaltet.[55] Diese Vereinbarung ist sowohl individualvertraglich als

52 Die noch zu errichtenden Sondereigentumseinheiten werden von Anfang an mit einem Miteigentumsanteil verbunden.

53 *Pause*, Bauträgerkauf und Baumodelle, 5. Auflage 2011, Rn. 612.

54 *Pause*, NJW 1993, 553, 556.

55 *Pause*, NJW 1993, 553, 556; *Basty*, Der Bauträgervertrag, 8. Auflage 2014, Rn. 657; *Hügel*, in: Hügel/Scheel, Rechtshandbuch Wohnungseigentum, 3. Auflage 2011, Teil 3 Rn. 24; a.A. *Sterner*, BauR 2012, 1160.

durch Allgemeine Geschäftsbedingungen des Bauträgers möglich.[56] Möglich erscheint ferner einigen, dass der spätere Erwerber (der insofern »Nachzügler« ist) die bereits erfolgte Abnahme des übrigen gemeinschaftlichen Eigentums durch eine Regelung im Erwerbsvertrag[57] in der Gemeinschaftsordnung gegen sich gelten lässt.[58]

Zum Teil wird vertreten, dass »*Untergemeinschaften*« begründet und die Herstellungspflichten des Bauträgers gegenüber den Erwerbern auf die ordnungsgemäße Herstellung des gemeinschaftlichen Eigentums ihrer Untergemeinschaft beschränkt werden könnten.[59] Ob dieser Weg gangbar ist, ist eher zweifelhaft.[60] Er könnte einen Erwerber unzulässig benachteiligen, weil er die Bindungen der Wohnungseigentümer untereinander nicht beachtet. Ein Erwerber hat als späterer »Wohnungseigentümer« und als Miteigentümer des gemeinschaftlichen Eigentums *sämtlicher* Häuser nämlich ein Interesse an der *ordnungsmäßigen Errichtung der Gesamtanlage*. Aus der nicht ordnungsmäßigen Errichtung begründen sich gegen ihn im Innenverhältnis der Wohnungseigentümer Ansprüche aus § 21 Abs. 4 WEG. Unabhängig von seinen Rechten gegenüber einem Bauträger besitzt jeder Wohnungseigentümer – soweit bereits ein Verband Wohnungseigentümergemeinschaft entstanden ist – gegen die anderen Wohnungseigentümer gem. § 21 Abs. 4, Abs. 5 Nr. 2 WEG bei kleineren Arbeiten oder nur wenigen Mängeln im Prinzip einen Anspruch auf erstmalige Herstellung eines ordnungsmäßigen Zustands des gemeinschaftlichen Eigentums. Die erstmalige Herstellung eines ordnungsmäßigen Zustands gehört zur Instandhaltungs-/Instandsetzungspflicht im Sinne von §§ 21 Abs. 5 Nr. 2, 22 Abs. 3 WEG.[61] Betrachtet man diese Seite, scheint eine Herstellungsverpflichtung des Bauträgers auf die ordnungsgemäße Herstellung nur eines Teils des gemeinschaftlichen Eigentums aber unbillig, überraschend und unangemessen. Dies gilt auch dann, wenn es durch eine Vereinbarung zu

---

56 BGH BauR 1983, 573, 575.

57 Siehe auch *Pause*, Bauträgerkauf und Baumodelle, 5. Auflage 2011, Rn. 612 und Rn. 842.

58 Siehe aber BGH DNotI-Report 2016, 53.

59 *Riecke/Vogel*, in: Riecke/Schmid, WEG, 4. Auflage 2014, Anhang zu § 8 WEG Rn. 29; *Pause*, Bauträgerkauf und Baumodelle, 5. Auflage 2011, Rn. 841; *Basty*, Der Bauträgervertrag, 8. Auflage 2014, Rn. 715.

60 Siehe auch OLG München BauR 2013, 1896.

61 BGH DNotZ 2016, 278 Rn. 7; *Bauriedl*, ZMR 2006, 252 ff.

einer weitgehenden Kostentrennung der jeweiligen Häuser käme.[62] Denn auch eine solche Vereinbarung hindert keine Außenhaftung nach § 10 Abs. 8 Satz 1 WEG für die Maßnahmen an einem anderen Haus.

VI. Fazit

Wird die Gemeinschaftsordnung für eine Mehrhausanlage entwickelt, muss anhand der *konkreten* Bedürfnisse und der Bauten erstens erkundet werden, welche Umlageschlüssel für eine Kostengerechtigkeit sorgen. Kosten, die nur ein bestimmter Kreis von Wohnungseigentümern zu verantworten hat, sollten wenigstens vorrangig von diesen getragen werden. Zweitens ist über eine Einschränkung des Stimmrechts nachzudenken. Insoweit ist aber bereits Zurückhaltung geboten. Letztlich haben mit Blick auf den Verband Wohnungseigentümergemeinschaft und die Außenhaftung immer *alle* Wohnungseigentümer ein Interesse an Gestaltung, Verwaltung und dem Gebrauch der Wohnungseigentumsan-lage. Drittens ist über Teilversammlungen nachzudenken. Von dieser Möglichkeit sollte aber grundsätzlich *Abstand* genommen werden. Viertens ist über Sondernutzungsrechte nachzudenken, nicht nur, aber vor allem in »Reihenhausanlagen«. Hier reicht es aber nicht, bloß ein Gebrauchsrecht anzuordnen. Stets muss über den Inhalt der jeweiligen Berechtigung, über die damit verbundenen Pflichten und über die Verwaltungskompetenz nachgedacht werden. Dabei darf § 27 Abs. 4 WEG nicht übersehen werden.

62 A.A. *Basty*, Der Bauträgervertrag, 8. Auflage 2014, Rn. 716.